Neue

Spargelideen

Cornelia Adam

Neue Spargelideen

- Köstliche und internationale Rezeptevielfalt
- Einkauf, Lagerung und Vorbereitung in Wort und Bild

AUGUSTUS

Die Deutsche Bibliothek – CIP-Einheitsaufnahme

Adam, Cornelia:
Neue Spargelideen : / Cornelia Adam. – München:
Augustus, 2000
ISBN 3-8043-6541-8

Anmerkung der Redaktion
Dieses Buch wurde in der neuen Rechtschreibung verfasst.

Augustus Verlag München 2000

Umschlagbild: Fotostudio Schmitz, München
Layout: Buch & Grafik Design, Günther Herdin GmbH, München, nach einer Vorlage des Hampp Verlags, Stuttgart
Fotos: Einleitungsteil: CMA-Fotoservice, Bonn; alle übrigen: Fotostudio Schmitz, München
Reproduktion: Uhl & Massopust GmbH, Aalen
Druck und Bindung: Offizin Andersen Nexö, Leipzig – ein Betrieb der INTERDRUCK Graphischer Großbetrieb GmbH

Printed in Germany

ISBN 3-8043-6541-8

Gedruckt auf elementar chlorfrei gebleichtem Papier

Inhalt

Newcomer – Gerichte

Rezepte aus aller Welt

Wo nichts anderes vermerkt ist, sind alle Portionen für 4 Personen berechnet.

Abkürzungen

EL = Esslöffel
TL = Teelöffel
Msp. = Messerspitze
kg = Kilogramm
g = Gramm
l = Liter
ml = Milliliter
Pck. = Packung
TK- = Tiefkühl ...

Spargel – der Spitzengenuss

Wussten Sie, dass der Spargel, das edelste aller Gemüse, wie der schlichte Lauch, die Zwiebel und der Knoblauch zu den Liliengewächsen gehört?

Schon die Griechen und die Römer schätzten ihn. Nicht nur, weil sie den »Asparagus« (das Wort kommt aus dem Griechischen und bedeutet »Schössling« oder »Sprössling«) gerne aßen, sondern weil sie sich auch seine gesundheitsfördernden Wirkstoffe zunutze machten. Der Sonnenkönig Ludwig XIV. war von dem Luxusgemüse, dem man auch liebesfördernde Eigenschaften zuspricht, so angetan, dass er Treibhäuser bauen ließ, um seinen geliebten Spargel ganzjährig genießen zu können.

Recht hatte er, denn die zarten Schlemmerstangen haben wirklich was zu bieten: Sie schmecken super, sind un-

Die Spargelernte beginnt bei uns je nach Witterung Ende April oder Anfang Mai.

heimlich vielseitig, haben jede Menge gesunde Vitamine und Mineralstoffe und das alles bei ganzen 20 Kalorien pro 100 g.

Die Spargelzeit ist die Saison für Genießer. Ein Sprichwort sagt: »Bis Johanni nicht vergessen: sieben Wochen Spargel essen.« Zwar beginnt heute die Spargelsaison schon früher und dauert länger, dank Importen aus wärmeren Ländern. Weil Spargel am besten ganz frisch geerntet schmeckt, verwenden ihn Fans aber am liebsten aus heimischem Anbau.
Bei uns beginnt die Ernte je nach Witterung Ende April oder Anfang Mai. Der absolut letzte Stichtag ist jedoch unverrückbar der Johannistag, nämlich der 24. Juni. Ab dann hat die mehrjährige Spargelpflanze Zeit, neue Kraft zu schöpfen und sich bis zum nächsten Frühjahr zu erholen, um wieder erntefähig zu sein. Deswegen sollten Sie die wenigen Wochen nutzen, um dieses edle Gemüse so oft wie möglich zu genießen.

Auch wenn viele Spargelliebhaber immer wieder behaupten, dass die edlen Stangen pur, einfach nur mit flüssiger Butter und neuen Kartoffeln am besten schmecken, möchten wir Sie davon überzeugen, dass sich kaum ein Gemüse vielseitiger zubereiten lässt: in Suppen, Salaten, leichten Vorspeisen, Sülzen, Pasteten, zu Fisch, Fleisch und Geflügel, im Risotto und zu Nudeln. Lassen Sie sich überraschen und probieren Sie einfach einmal. Alle Rezepte sind ganz leicht zuzubereiten.

Viel Spaß beim Kochen, gutes Gelingen und vor allem guten Appetit!

Einkauf

Spargel ist nicht gleich Spargel. Der weiße kommt meistens aus heimischem Anbau. Er wird gestochen, sobald die Spargelspitzen in der Erde sichtbar sind. Bunter Spargel wird geerntet, wenn der Kopf bereits aus der Erde ist und durch den Lichteinfluss grünlich bis violett gefärbt ist. Der grüne Spargel ist dem ursprünglichen Spargel noch am ähnlichsten und wächst etwa 20 Zentimeter hoch. Er ist preiswerter, weil er leicht zu züchten ist.

Für welche Sorte man sich entscheidet, ist eine Frage des Geschmacks und des Verwendungszwecks. Eine Frage des Budgets dagegen ist der Einkauf der entsprechenden Handelsklassen, nach denen der Spargel eingeteilt wird. Er wird von Extra über Handelsklasse I bis III angeboten.

Klasse extra

muss makellos weiß und gerade gewachsen sein und einen Durchmesser von 12 Millimetern haben. Die Spitzen müssen ganz geschlossen sein und die Schalen mattglänzend. Dieser Spargel ist am teuersten, aber es lohnt sich: Es gibt weniger Abfall und Sie sparen Zeit beim Schälen.

Klasse I

darf etwas gebogen sein und eine zarte Rosafärbung haben. Sein Durchmesser muss über 10 Millimetern liegen.

Klassen II und III

müssen keine fest geschlossenen Köpfe

haben und dürfen krumm sein. Auch eine geringfügige Holzigkeit und Verfärbung muss man akzeptieren. Die Stangendicke ist nicht einheitlich.

Außerdem gibt es noch Bruchspargel aus allen Klassen, der sich bestens für Suppen, Salate und Soßen eignet.

Grüner Spargel
wird inzwischen fast ganzjährig aus Frankreich, Italien und den USA angeboten, allerdings kaum aus heimischem Anbau. Er ist intensiver im Geschmack und macht im Gegensatz zum weißen wenig Arbeit, weil man ihn nur wenig, manchmal gar nicht schälen muss. Grüner Spargel hat auch eine kürzere Garzeit als weißer.

Je frischer desto besser

Ganz gleich für welche Handelsklasse oder Sorte Sie sich entscheiden, am wichtigsten ist die Frische. Diese ist garantiert, wenn die Schnittflächen saftig und die Schalen mattseiden sind. Außerdem sollten die Spargelspitzen weiß und fest geschlossen sein. Die Stangen dürfen sich nicht biegen lassen, sondern sollten prall und fest sein. Optimal ist es, den Spargel am Tag der Ernte zu essen. Wenn das nicht möglich ist, sollten Sie ihn ungeschält in ein feuchtes Küchentuch packen und im Gemüsefach aufbewahren, allerdings höchstens bis zu drei Tagen.

Importierter Spargel wird oft in feuchte Banderolen gewickelt. Manchmal entwickeln sich darunter Rostflecken und Schimmel. Schauen Sie deshalb vor dem Kauf ruhig nach, um Enttäuschungen zu vermeiden.

Einfrieren

Wenn Sie auch außerhalb der Saison das Edelgemüse genießen möchten, gibt es die Möglichkeit, den Spargel einzufrieren. Dafür werden die Spargelstangen geschält und in kochendem Salzwasser je nach Dicke zwei bis drei Minuten blanchiert. Anschließend eiskalt abschrecken, in Gefrierdosen legen und mit Garsud aufgießen, sodass der Spargel knapp davon bedeckt ist. Beim Zubereiten darauf achten, dass sich die Garzeit entsprechend verkürzt.

Vorbereiten

1 Mit dem Messer oder Spargelschäler den Spargel von oben nach unten schälen.

2 Die Spargelstangen nebeneinander legen und die Enden so abschneiden, dass alle Stangen die gleiche Länge haben.

3 Vor dem Kochen die Spargelstangen mit Küchenzwirn portionsweise zusammenbinden, damit sie nicht einzeln im Topf herumschwimmen.

Das Spargelschälen erfordert Fingerspitzengefühl. Am besten geht es mit einem speziellen Spargelschäler.
Den setzt man etwa zwei Zentimeter unter der Spitze an, schält sorgfältig von oben nach unten und schneidet die Enden etwa zwei Zentimeter hoch ab. Schälen Sie lieber großzügig, denn es wäre schade, wenn Schalenreste den Genuss beeinträchtigten.

Schalen und abgeschnittene Enden machen etwa 25 % des Einkaufsgewichtes aus. Deshalb sind sie als Abfall zu schade. Brausen Sie sie kurz ab und bedecken Sie sie knapp mit Wasser. Geben Sie je eine Prise Salz und Zucker dazu und kochen Sie alles etwa 15 Minuten. Den Sud kann man trinken, er ergibt aber auch eine hervorragende Basis für Soßen und Suppen. Ein Kilo Spargelschalen und -abschnitte reicht etwa für einen Liter Brühe.

Spargel immer von oben nach unten schälen.

Die Spargelenden so abschneiden, dass alle Stangen die gleiche Länge haben.

Spargel vor dem Kochen mit Küchenzwirn portionsweise zusammenbinden.

Bei grünem Spargel schält man das untere Drittel und schneidet ebenfalls die Enden ab. Wenn er allerdings ganz frisch ist, können Sie auf das Schälen verzichten.

Perfekt gekocht

Zum Kochen braucht der Spargel Platz. Er muss von Wasser umgeben sein, außerdem dürfen die zarten Spitzen nirgends anstoßen. Man kann ihn liegend in einem Bräter oder stehend in einem hohen Topf garen. Es gibt praktische Spezialtöpfe mit Siebeinsätzen, in denen das Edelgemüse stehend in wenig Wasser gegart wird. Auf diese Weise garen die Spargelspitzen schonend im aufsteigenden Dampf und erhalten so optimal ihr Aroma.
Man gibt den Spargel in reichlich kochendes Salzwasser und lässt ihn zugedeckt bei milder Hitze je nach Dicke der Stangen in 10–20 Minuten gar ziehen. Kochen Sie ihn nicht zu weich, der Spargel sollte noch »Biss« haben. Nach Belieben gibt man eine Prise Zucker und Butter oder Zitronensaft in den Spargelsud.

Da nasser Spargel die Soße nicht so gut aufnimmt, lässt man ihn nach dem Garen gründlich abtropfen. Das geht gut auf speziellen Spargelplatten. Oder Sie wickeln den Spargel kurz in eine große Stoffserviette oder in ein Küchentuch, damit die überschüssige Flüssigkeit aufgesaugt wird.

Am besten garen Sie Spargel in einem Siebeinsatz.

Ganz gesund genießen

Spargel schmeckt nicht nur gut und ist kalorienarm, er hat noch mehr zu bieten: nämlich Vitamin B und C, Provitamin A, eine Vorstufe des Carotins, und schließlich die Mineralstoffe Kalium, Asparagin, Calcium, Eisen und Magnesium. Nicht zu vergessen die Anteile an Zitronen- und Apfelsäure, die beide die Nierentätigkeit anregen.

Spargel ist also ein ideales Schlankheits- und Schönheitsgemüse, weil der gesamte Stoffwechsel und die Drüsenfunktionen positiv beeinflusst werden. Er ist ideal für eine genussreiche Frühjahrskur bei ganzen 50 Kalorien bei 250 g – wenn nicht die tollen Soßen dazu kämen!

Der Spargelklassiker: Sauce Hollandaise

3 EL trockener Weißwein
5 Eigelb, 250 g kalte Butter
Salz, weißer Pfeffer aus der Mühle
Zitronensaft

1 Den Weißwein mit den Eigelben in einer kleinen Schüssel verrühren, in das leicht siedende Wasserbad stellen und mit den Schneebesen des Handrührers schaumig schlagen.

2 Die kalte Butter flöckchenweise unterschlagen, bis eine kremige Soße entstanden ist. Mit Salz, Pfeffer und Zitronensaft abschmecken. Nach Belieben Schinken und neue Kartoffeln dazu reichen.

In Spezialtöpfen wird der Spargel stehend gegart.

Salate und kalte Speisen

Spargelsalate und kalte Gerichte sind ideal als kleines, leichtes Mittagessen oder als Vorspeise zum Auftakt eines Menüs. Es gibt erstaunlich viele Variationsmöglichkeiten – lassen Sie sich überraschen ...

Spargelsalat mit Grapefruit und Garnelen

Extravagant

- 1 kg grüner Spargel
- Salz, 1 Prise Zucker
- 2 rosa Grapefruits
- 2 Schalotten
- 3 EL Balsamicoessig
- 4 EL Sojaöl
- weißer Pfeffer aus der Mühle
- 1 Msp. Cayennepfeffer
- 150 g Garnelen, gegart und geschält

Zubereitung: ca. 30 Min.

1 Den Spargel waschen, das untere Drittel schälen und die Enden abschneiden. Den Spargel zu zwei Bündeln zusammenbinden. Salzwasser aufkochen, den Zucker dazugeben und den Spargel 10–25 Minuten zugedeckt bei mittlerer Hitze garen.

2 Inzwischen die Grapefruits so schälen, dass die weiße Haut mit entfernt wird. Dann mit einem scharfen Messer die Filets herauslösen und in Stücke schneiden. Den Spargel aus dem Wasser nehmen und abkühlen lassen.

3 Die Schalotten schälen und fein hacken. Aus Balsamicoessig, Sojaöl, Salz, Pfeffer und Cayennepfeffer mit dem Schneebesen eine kremige Marinade rühren, die Schalotten untermischen. Den Spargel in Stücke schneiden und mit den Grapefruitstückchen und den Garnelen in der Marinade wenden.

Foto Seite 14

Spargel-Reis-Salat mit Tomaten

Ganz leicht

- 150 g Langkornreis
- Salz
- 1 Prise Safran, gemahlen
- 500 g weißer Spargel
- 250 g Kirschtomaten
- 1 Bund Schnittlauch
- 1 Bund Petersilie
- 3 EL Weißweinessig
- 1 TL scharfer Senf
- 5 EL Distelöl
- Pfeffer

Zubereitung: ca. 40 Min.

1 Den Reis in kochendes Salzwasser geben und den Safran zufügen. Zugedeckt in 25 Minuten bei milder Hitze ausquellen lassen. In ein Sieb geben, abtropfen, ganz auskühlen lassen und in eine Schüssel füllen.

2 Den Spargel schälen und die Enden abschneiden. Die Spargelstangen in ca. 2 cm lange Stücke schneiden und in kochendem Salzwasser ca. 10 Minuten garen. Mit einem Schaumlöffel herausnehmen und in einem Sieb gut abtropfen lassen.

3 Die Kirschtomaten waschen und halbieren. Den Schnittlauch sowie die Petersilie abbrausen, Petersilienblättchen abzupfen und alle Kräuter fein wiegen. Aus Essig, Senf, Öl, Salz und Pfeffer mit dem Schneebesen eine kremige Marinade rühren.

4 Alle Zutaten zu dem Reis in die Schüssel füllen, die Salatsoße dazugießen und alles gut mischen. Den Salat etwa 20 Minuten durchziehen lassen. Falls nötig nachwürzen.

Spargeltimbales mit Kressesoße

1 Den Spargel schälen und in ca. 2 cm lange Stücke schneiden. Die Spitzen beiseite legen. Die Spargelstücke in kochendem Salzwasser ca. 10 Minuten garen. Die Spitzen nach 5 Minuten dazugeben. Den Backofen auf 200 °C (Gas Stufe 3; Umluft 180 °C) vorheizen. Den Spargel aus dem Sud nehmen und abtropfen lassen. Die Spargelspitzen beiseite legen, die Spargelstücke mit der Sahne im Mixer pürieren.

2 Die Eier gut verquirlen, das Spargelpüree zufügen, untermischen und mit Salz, Pfeffer und Muskat kräftig würzen. Vier Förmchen oder Tassen von je ca. 0,25 l Inhalt einfetten und mit der Masse füllen. In ein Wasserbad stellen, in den vorgeheizten Backofen geben und 25 Minuten stocken lassen.

3 Inzwischen aus Weißweinessig, Salz, Pfeffer, Senf und Walnussöl mit dem Schneebesen eine kremige Marinade rühren. Die Kresse abbrausen, die Blättchen mit der Küchenschere direkt in die Marinade schneiden.

4 Die Spargeltimbales auf vier Teller stürzen und etwas abkühlen lassen, die Spargelspitzen daneben verteilen und mit der Kressesoße begießen.

Beilagentipp

Dazu Toast servieren und als Getränk Prosecco.

Variante

Anstelle von Kresse können Sie andere frische Kräuter oder eine Kräutermischung verwenden.

Tipp

Da die Spargeltimbales auch kalt sehr gut schmecken, sind sie prima für ein kaltes Büfett geeignet. Sie können Sie bereits am Vortag zubereiten.

Ganz leicht

- 500 g weißer Spargel
- Salz
- 6 EL Sahne, 3 Eier
- weißer Pfeffer aus der Mühle
- 1 Prise Muskat, frisch gerieben
- Fett für die Förmchen
- 4 EL Weißweinessig
- 1 TL scharfer Senf
- 5 EL Walnussöl
- 2 Kästchen Kresse

Zubereitung: ca. 50 Min.

Spargel aus dem Kräuterdampf mit zweierlei Soßen

Ganz leicht

- 1 kg grüner Spargel
- 500 g weißer Spargel
- Salz
- 1 gemischtes Kräutersträußchen
- 2 große Fleischtomaten
- 2 Schalotten
- ⅛ l Olivenöl
- 5 EL Balsamicoessig
- Pfeffer
- 250 g griechischer Jogurt
- Saft von ½ Zitrone
- 3 Knoblauchzehen
- 2 Bund glatte Petersilie

Zubereitung: ca. 50 Min.

1 Den grünen Spargel waschen, das untere Drittel schälen und die Enden abschneiden. Den weißen Spargel schälen und die Enden abschneiden. Den Spargel in einen Dämpfeinsatz legen und leicht salzen.

2 Einen breiten Topf zu einem Drittel mit Wasser füllen, das Kräutersträußchen abbrausen und hineinlegen, aufkochen und 10 Minuten köcheln lassen. Den Dämpfeinsatz mit dem Spargel hineinsetzen und zugedeckt 15–20 Minuten garen.

3 Inzwischen die Tomaten überbrühen, häuten, entkernen und klein würfeln. Die Schalotten schälen, fein hacken und mit den Tomaten in eine Schüssel füllen. Das Olivenöl und den Balsamicoessig untermischen und mit Salz und Pfeffer würzen.

4 Den Jogurt mit dem Zitronensaft etwas verrühren. Den Knoblauch schälen und dazupressen. Die Petersilie waschen, abzupfen, fein hacken und unterrühren. Mit Salz und Pfeffer abschmecken. Den Spargel auf einer Platte anrichten und die beiden Soßen dazu reichen.

Couscous-Salat mit Spargel und Minze

Ganz leicht

- 200 g Couscous-Grieß (aus dem Reformhaus)
- 500 g grüner Spargel
- Salz
- 2 große Fleischtomaten
- 1 Bund frische Minze
- 6 EL Olivenöl
- Saft von 2 Zitronen
- Pfeffer
- 1 Prise Kreuzkümmel
- 1 Knoblauchzehe

Zubereitung: ca. 50 Min.

1 Den Couscous in eine Schüssel füllen, mit ½ l kochendem Wasser überbrühen und ca. 25 Minuten quellen lassen. Den Spargel schälen und die Enden abschneiden. Den Spargel schräg in 1 cm lange Stücke schneiden, in kochendem Salzwasser in 5 Minuten bissfest garen, in ein Sieb geben, eiskalt abschrecken und gut abtropfen lassen.

2 Die Fleischtomaten überbrühen, häuten, entkernen und in kleine Würfel schneiden. Die Minze waschen, abzupfen und bis auf einige kleine Blättchen fein hacken.

3 Das Olivenöl mit dem Zitronensaft, Salz, Pfeffer und Kreuzkümmel in einer großen Schüssel mit dem Schneebesen oder dem Mixstab aufschlagen. Den Knoblauch schälen und dazupressen.

4 Den Couscous, den Spargel, die Tomatenwürfel und die Minze in die Schüssel geben, alles gut mischen und 30 Minuten zugedeckt durchziehen lassen. Vor dem Servieren eventuell nochmals abschmecken, weil der Couscous viel Würze aufnimmt.

Beilagentipp

Ideal für ein kaltes Büfett oder für ein Picknick, weil der Salat sehr schön aussieht und sich lange frisch hält.

Variante

Sie können zusätzlich gebratene Hühnerbrust klein würfeln und untermischen. Auch Fisch passt gut dazu.

Spargelsalat mit Rucola und Mozzarella

1 Den weißen Spargel schälen, den grünen Spargel waschen und nur das untere Drittel schälen, die Enden abschneiden. Reichlich Salzwasser aufkochen, den weißen Spargel knapp 20, den grünen Spargel etwa 10 Minuten garen, herausnehmen und gut abtropfen lassen.

2 Den Balsamicoessig, den Rotweinessig, Salz, Pfeffer, Pesto und Olivenöl mit dem Schneebesen oder dem Mixstab zu einer kremigen Soße aufschlagen. Den Knoblauch schälen und dazupressen. Den Spargel auf eine Platte legen, mit der Hälfte der Salatsoße übergießen und ziehen lassen.

3 Die Fleischtomate überbrühen, häuten und entkernen. Das Fruchtfleisch klein würfeln und in eine Schüssel füllen. Die Egerlinge putzen, kurz abbrausen, vierteln, klein schneiden, mit Zitronensaft beträufeln und dazugeben.

4 Den Mozzarella ebenfalls in kleine Würfel schneiden und in die Schüssel geben. Den Rucola entstielen und abbrausen, nicht zu fein zerschneiden. Mit den anderen Zutaten in der Schüssel mischen und auf dem Spargel verteilen.

Beilagentipp

Frisches Toskanabrot und als Getränk Rotwein.

Tipps

Sie können den Spargel auch gleich portionsweise auf Teller verteilen.
Das Gericht ist auch ideal als kleiner Lunch an heißen Tagen.

Schnell
500 g weißer Spargel
500 g grüner Spargel
Salz
3 EL Balsamicoessig
3 EL Rotweinessig
Pfeffer
4 EL Pesto aus dem Glas
6 EL Olivenöl
1 Knoblauchzehe
1 große Fleischtomate
150 g Egerlinge
1 EL Zitronensaft
1 Kugel Büffelmozzarella
1 Bund Rucola

Zubereitung: ca. 30 Min.

Spargelsülze mit Kräutern und Eier-Vinaigrette

Ganz leicht

Für 6 Personen

- 750 g weißer Spargel
- Salz
- 1 Hand voll Kerbel
- ½ Bund Schnittlauch
- ½ Bund Petersilie
- 12 Blatt weiße Gelatine
- 1 kleine Dose klare Ochsenschwanzsuppe (400 ml)
- Pfeffer
- 6 cl trockener Sherry
- 1 EL Sherryessig

Für die Soße

- 2 Eier
- 1 Zwiebel
- 4 EL Sherryessig
- 8 EL Olivenöl
- Salz, Pfeffer

Zubereitung: ca. 40 Min. + Gelierzeit

1 Den Spargel schälen und die Enden abschneiden, die Spargelstangen in ca. 2 cm lange Stücke schneiden. Die Spitzen beiseite legen. In kochendem Salzwasser ca. 15 Minuten garen, die Spargelspitzen nach 10 Minuten dazugeben. Den Spargel herausnehmen und in einem Sieb gut abtropfen lassen.

2 Die Kräuter waschen und klein schneiden. Die Gelatine in kaltem Wasser einweichen. Die Ochsenschwanzsuppe durch ein feines Sieb in einen Topf gießen, ¼ l von dem Spargelsud zufügen und aufkochen. Mit Salz, Pfeffer, Sherry und Sherryessig abschmecken.

3 Die Gelatine gut ausdrücken und in der Flüssigkeit auflösen. Eine Schüssel oder Kastenform (1 l Inhalt) mit der Brühe ausgießen, sodass der Boden bedeckt ist. Im Kühlschrank fest werden lassen.

4 Darauf ein Drittel der Spargelstückchen und Kräuter verteilen. Wieder mit der Flüssigkeit aufgießen und fest werden lassen. So fortfahren, bis alle Zutaten aufgebraucht sind. Die Sülze am besten über Nacht im Kühlschrank stehen lassen.

5 Die Eier in 10 Minuten hart kochen, kalt abschrecken, pellen und auskühlen lassen. Die Zwiebel schälen und fein hacken. Den Sherryessig mit Olivenöl, Salz und Pfeffer mit dem Schneebesen oder dem Mixstab zu einer kremigen Soße verrühren.

6 Die Eier fein hacken und mit der Zwiebel in die Soße mischen. Zum Stürzen der Sülze mit einem Messer zwischen Form und Sülze entlangfahren, dann die Form kurz in heißes Wasser halten und die Sülze auf eine Platte stürzen. Mit einem scharfen Messer in Scheiben schneiden. Zusammen mit der Soße anrichten.

Beilagentipp

Dazu einen Salat, Bauernbrot und Kräuterbutter servieren und als Getränk einen trockenen Sherry.

Spargelsalat mit Räucherfisch

Extravagant

- 1 kg weißer Spargel
- Salz
- 3 Frühlingszwiebeln
- 2 Möhren
- Zitronensaft
- 250 g geräucherte Schillerlocken
- 3 EL Weißweinessig
- 1 TL scharfer Senf
- Pfeffer
- 5 EL Sonnenblumenöl
- 4 große Salatblätter

Zubereitung: ca. 30 Min.

1 Den Spargel schälen und die Enden abschneiden. Den Spargel schräg in ca. 2 cm lange Stücke schneiden und in kochendem Salzwasser knapp 10 Minuten garen. In einem Sieb gut abtropfen lassen.

2 Die Frühlingszwiebeln putzen, waschen und in feine Ringe schneiden. Die Möhren schälen, waschen und grob raspeln. Sofort mit Zitronensaft beträufeln, damit sie sich nicht verfärben. Die Schillerlocken in schmale Scheiben schneiden und mit den Möhren in die Schüssel geben.

3 Aus Weißweinessig, Senf, Salz, Pfeffer und Sonnenblumenöl mit dem Schneebesen oder dem Mixstab eine kremige Marinade rühren. Die Soße über die Zutaten in der Schüssel gießen, mischen und 10 Minuten ziehen lassen.

4 Den Spargelsalat auf Salatblättern auf vier Tellern oder einer Platte anrichten.

Spargel-Avocado-Salat mit Scampi

Schnell

- 750 g weißer Spargel
- Salz
- 3 EL Weißweinessig
- Pfeffer
- 6 EL Olivenöl
- 1 TL süßer Senf
- 2 Avocados
- Zitronensaft
- 8 Scampi, gegart und geschält
- ½ Bund Basilikum

Zubereitung: ca. 30 Min.

1 Den Spargel schälen und die Enden abschneiden. Den Spargel in kochendem Salzwasser knapp 20 Minuten garen. Herausnehmen, abtropfen und auf einer Platte anrichten.

2 Aus Weißweinessig, Salz, Pfeffer, Olivenöl und Senf mit dem Schneebesen oder dem Mixstab eine kremige Marinade rühren und über den Spargel gießen.

3 Die Avocados schälen, längs halbieren und den Kern herauslösen. Die Avocadohälften quer in schmale Scheiben schneiden und mit Zitronensaft beträufeln.
Je eine Avocadohälfte mit einem Viertel des Spargels und je 2 Scampi auf vier großen Tellern anrichten. Das Basilikum abbrausen, abzupfen und über den Spargel streuen.

Kartoffel-Spargelsalat mit Kasseler

1 Die Kartoffeln knapp mit Wasser bedeckt zusammen mit dem Kümmel etwa 30 Minuten garen. Den Spargel waschen, das untere Drittel schälen und die Enden abschneiden. Die Spargelstangen in 1 cm lange Stücke schneiden. In kochendem Salzwasser 5 Minuten blanchieren, eiskalt abschrecken und gut abtropfen lassen.

2 Das Kasseler in kleine Würfel schneiden. Den Schnittlauch waschen und in Röllchen schneiden. Den Weißweinessig mit dem Senf, dem Öl, Salz und Pfeffer mit dem Schneebesen oder Mixstab kremig aufschlagen. Den Schnittlauch untermischen.

3 Die Kartoffeln schälen, in nicht ganz dünne Scheiben schneiden, in eine große Schüssel geben und etwas abkühlen lassen. Mit etwa ⅛ l des heißen Spargelsudes und der Soße übergießen. Den Spargel und das Kasseler dazugeben und gut durchmischen. Den Salat 20 Minuten zugedeckt ziehen lassen. Falls nötig nachwürzen.

Getränketipp

Ein Glas kühles Bier.

Tipps

Der Salat ist gut vorzubereiten. Er hält sich lange frisch und sieht schön aus, deshalb ist er für kalte Büfetts oder Picknicks sehr gut geeignet.

Ganz leicht

- 800 g Kartoffeln, fest kochende Sorte (z. B. Sieglinde)
- 1 TL Kümmelkörner
- 500 g grüner Spargel
- Salz
- 300 g ausgelöstes Kasseler am Stück
- 1 Bund Schnittlauch
- 4 EL Weißweinessig
- 1 TL Senf
- 6 EL Sonnenblumenöl
- Pfeffer

Zubereitung: ca. 45 Min.

Spargelterrine mit Schnittlauch und Schinken

Etwas aufwendiger

Für 6 Personen

500 g grüner Spargel

Salz

500 g Magerquark

250 g Crème fraîche

3 Eier

Pfeffer

300 g gekochter Schinken in dickeren Scheiben

2 Bund Schnittlauch

Fett für die Form

Zubereitung: ca. 1 ½ Std. + Kühlzeit

1 Den Spargel waschen, das untere Drittel schälen und die Enden abschneiden. Die Spargelstangen in knapp zentimeterdicke Scheiben schneiden. In kochendem Salzwasser 5 Minuten blanchieren, in ein Sieb geben, eiskalt abschrecken und sehr gut abtropfen lassen.

2 Den Backofen auf 200 °C (Gas Stufe 3; Umluft 180 °C) vorheizen. Den Magerquark gut abtropfen lassen, dann mit der Crème fraîche und den Eiern verrühren. Die Masse mit Salz und Pfeffer abschmecken. Den Schinken vom Fettrand befreien und in kleine Würfel schneiden.

3 Den Schnittlauch waschen, abtrocknen und klein schneiden. Mit dem Spargel und dem Schinken unter die Quarkmasse mischen.

4 Eine Terrinenform (ca. 1,25 l Inhalt) mit Alufolie auskleiden, sodass genügend übersteht, um die Terrine später aus der Form zu heben. Die Alufolie einfetten, dann die Quarkmasse einfüllen und die Alufolie darüber schlagen.

5 Die Form im Wasserbad im heißen Backofen (Mitte) knapp 1 Stunde garen. Zum Prüfen, ob die Terrine gar ist, leicht mit dem Finger andrücken. Die Konsistenz sollte elastisch sein. Die Terrine abkühlen lassen und für mindestens 3 Stunden in den Kühlschrank stellen.

6 Zum Servieren die Terrine aus der Form auf eine Platte heben und in Scheiben schneiden.

Beilagentipp

Dazu eine kleine Salatgarnitur oder Tomatensoße und Baguette servieren; als Getränk einen leichten, trockenen Weißwein.

Variante

Sie können auf den Schinken verzichten und dafür mehr Kräuter untermischen.

Marinierter Spargel mit Oliven und Tomaten

Ganz leicht

- 1,5 kg grüner Spargel
- Salz
- 4 EL Estragonessig
- 7 EL Olivenöl
- 1 TL Dijonsenf, Pfeffer
- 1 Zweig Thymian
- 1 Knoblauchzehe
- 250 g Kirschtomaten
- 1 Bund Basilikum
- 100 g entsteinte, schwarze Oliven

Zubereitung: ca. 40 Min.

1 Den Spargel waschen, das untere Drittel schälen und die Enden abschneiden. Den Spargel schräg in ca. 2 cm lange Stücke schneiden. In Salzwasser ca. 10 Minuten bissfest garen. In ein Sieb geben, gut abtropfen lassen und auf eine Platte legen.

2 Den Estragonessig mit dem Olivenöl, dem Senf, Salz und Pfeffer zu einer Soße verrühren. Den Thymian abbrausen und die Blättchen über der Schüssel abzupfen. Den Knoblauch schälen und dazupressen. Die Soße gleichmäßig auf den Spargel gießen und durchziehen lassen.

3 Die Kirschtomaten waschen, vierteln und in eine kleine Schüssel geben. Das Basilikum abbrausen, abzupfen und grob zerschneiden. Die Oliven grob hacken und mit dem Basilikum unter die Tomaten mischen. Alles auf dem Spargel verteilen.

Grüner Spargel mit Avocadopüree

Schnell

- 1 kg grüner Spargel
- Salz
- 2 reife Avocados
- 1 Limette
- 2 Knoblauchzehen
- Pfeffer
- 1 Msp. Cayennepfeffer
- 1 Bund frischer Koriander

Zubereitung: ca. 30 Min.

1 Den Spargel waschen, das untere Drittel schälen und die Enden abschneiden. Den Spargel in Salzwasser 15 Minuten garen. Dann in ein Sieb geben, eiskalt abbrausen und gut abtropfen lassen.

2 Die Avocados halbieren und den Kern entfernen. Das Fruchtfleisch mit einem Löffel aus den Schalen lösen und in den Mixer geben. Die Limette halbieren, auspressen und den Saft dazugießen. Den Knoblauch schälen, dazugeben und alles pürieren.

3 Das Avocadopüree mit Salz, Pfeffer und Cayennepfeffer würzen. Den Koriander abbrausen, die Blättchen etwas abtupfen, fein hacken und unter das Avocadopüree mischen. Den Spargel auf einer Platte anrichten und mit dem Avocadopüree servieren.

Salat aus Wildkräutern und grünem Spargel mit Wachteleiern

1 Die Wachteleier 5 Minuten kochen, eiskalt abschrecken. Den Spargel waschen, das untere Drittel schälen und die Enden abschneiden. Reichlich Salzwasser aufkochen, den Spargel in ca. 3 cm lange Stücke schneiden und ohne die Spargelspitzen ca. 10 Minuten kochen. Die Spargelspitzen nach 5 Minuten dazugeben.

2 Den Spargel eiskalt abschrecken und gut abtropfen lassen. Den Sauerampfer, den Kerbel, die Brunnenkresse und den Rucola von den Stielen zupfen, waschen und gut abtropfen lassen.

3 In einer Salatschüssel den Apfelessig mit dem Sonnenblumenöl, dem Pesto, Salz und Pfeffer verrühren und abschmecken. Den Spargel mit den Kräutern in der Salatsoße wenden. Die Wachteleier pellen, halbieren und unterheben.

Beilagentipp

Dazu passt warmes Baguette mit Kräuterbutter.

Schnell

- 8 Wachteleier
- 500 g grüner Spargel
- Salz
- 50 g Sauerampfer
- 50 g Kerbel
- 1 Bund Brunnenkresse
- 1 Bund Rucola
- 3 EL Apfelessig
- 4 EL Sonnenblumenöl
- 2 EL Pesto
- schwarzer Pfeffer aus der Mühle

Zubereitung: ca. 20 Min.

Spargelsalat mit Räuchertofu

1 Den Spargel waschen, das untere Drittel schälen und die Enden abschneiden. Die Spargelstangen schräg in etwa 3 cm lange Stücke schneiden und in kochendem Salzwasser ca. 10 Minuten garen, nach 5 Minuten die Spitzen dazugeben. Den Spargel in ein Sieb geben, eiskalt abschrecken, gut abtropfen und abkühlen lassen.

2 Die Fleischtomate überbrühen, häuten, entkernen, dabei den Stielansatz entfernen. Das Fruchtfleisch klein würfeln. Den Koriander waschen, abzupfen und grob hacken.

3 Den Räuchertofu in kleine Würfel schneiden. Aus Essig, Salz, Pfeffer, Sonnenblumenöl und Sojasoße eine kremige Marinade rühren. Alle Zutaten darin wenden.

Schnell

- 1 kg grüner Spargel
- Salz
- 1 Fleischtomate
- 1 Bund Koriander
- 250 g Räuchertofu
- 3 EL Weißweinessig
- Pfeffer
- 4 EL Sonnenblumenöl
- 1 TL Sojasoße

Zubereitung: ca. 20 Min.

Gefüllte Lachsbeutelchen auf marinierten Spargel

Extravagant
1 kg grüner Spargel
Salz
6 EL Olivenöl
3 EL Zitronensaft
Pfeffer
1 Bund Schnittlauch
400 g Doppelrahm-frischkäse
100 g Sahne
1 Msp. Cayennepfeffer
12 größere Scheiben Räucherlachs (ca. 500 g)
Salatblätter zum Garnieren

Zubereitung: ca. 35 Min.

1 Den Spargel waschen, das untere Drittel schälen und die Enden abschneiden. Den Spargel schräg in ca. 3 cm lange Stücke schneiden und ohne die Spitzen in kochendem Salzwasser ca. 8 Minuten garen. Die Spitzen nach 5 Minuten dazugeben. Den Spargel in ein Sieb geben, eiskalt abschrecken und sehr gut abtropfen lassen.

2 Aus Olivenöl, 2 EL Zitronensaft, Salz und Pfeffer eine kremige Marinade rühren. Den Schnittlauch waschen und bis auf 12 Stiele in feine Röllchen schneiden. Die Hälfte davon in die Soße rühren. Den Spargel darin wenden und zugedeckt im Kühlschrank 20 Minuten marinieren.

3 Den Doppelrahmfrischkäse mit der Sahne glatt rühren. Mit dem restlichen Zitronensaft, Salz, Pfeffer und Cayennepfeffer kräftig abschmecken. Den restlichen Schnittlauch untermischen.

4 Die Lachsscheiben auf einer Arbeitsfläche ausbreiten. Die Frischkäsekrem als Häufchen in die Mitte der Scheiben setzen. Den Lachs über dem Frischkäse zusammennehmen und jeweils mit einem Schnittlauchstiel zubinden. Den marinierten Spargel mit den Lachsbeutelchen auf einer Platte oder auf Tellern mit den Salatblättern anrichten.

Beilagentipp

Dazu Toast mit Butter reichen und als Getränk Champagner oder Sekt.

Tipp

Eine sehr elegante Vorspeise, die man sehr gut vorbereiten und kalt stellen kann.

Feine Suppen und Eintöpfe

Ob Sie eine klassische Kremsuppe aus weißem Spargel, fantasievolle Suppenideen aus grünem Spargel oder lieber einen feinen Eintopf genießen möchten, der richtig satt macht – hier finden Sie die besten Rezepte.

Hühnersuppe mit Spargel und Chili

Ganz leicht

- 500 g grüner Spargel
- 1 kleine Zwiebel
- 1 frische rote Chilischote
- 1 EL Olivenöl
- 1 l Geflügelbrühe
- Salz, schwarzer Pfeffer aus der Mühle
- 3 Hühnerbrustfilets
- ½ Bund frischer Koriander

Zubereitung ca. 30 Min.

1 Den Spargel waschen, das untere Drittel schälen und die Enden abschneiden. Die Spargelstangen schräg in ca. 1 cm dicke Scheiben schneiden. Die Zwiebel schälen und fein hacken. Die Chilischote längs aufschlitzen, entkernen, waschen und klein schneiden.

2 In einem Topf das Olivenöl erhitzen. Die Zwiebel und die Chilischote darin weich dünsten. Mit der Geflügelbrühe aufgießen und aufkochen, mit Salz und Pfeffer würzen.

3 Hühnerbrustfilets längs halbieren, dann quer in dünne Scheiben schneiden. Mit dem Spargel in die Brühe geben und bei milder Hitze 20 Minuten köcheln lassen. Mit Salz und Pfeffer abschmecken. Den Koriander waschen, abzupfen und hacken. Zum Schluss in die Suppe streuen.

Foto Seite 32

Kartoffel-Spargelsuppe mit Rucola

Ganz leicht

- 500 g Kartoffeln, mehlige Sorte (z. B. Primura)
- 500 g grüner Spargel
- 1 Zwiebel
- 1 Bund Rucola (50 g)
- 2 EL Butter
- Salz, Pfeffer
- 1 Prise Muskat
- 1 l Gemüsebrühe
- 4 EL Crème fraîche
- etwas Zitronensaft
- 2 EL Parmesan, frisch gerieben

Zubereitung: ca. 30 Min.

1 Die Kartoffeln schälen, waschen und in kleine Würfel schneiden. Den Spargel waschen, schälen und in 2 cm lange Stücke schneiden, die Spitzen beiseite legen.

2 Die Zwiebel schälen und fein hacken. Den Rucola entstielen, waschen und fein hacken. Die Butter in einem Topf erhitzen. Die Zwiebel andünsten, dann die Kartoffelwürfel mit den Spargelstücken und der Hälfte des Rucola dazugeben. Mit Salz, Pfeffer und Muskat würzen. Mit der Gemüsebrühe aufgießen und zugedeckt 25 Minuten köcheln lassen.

3 Inzwischen die Spargelspitzen in kochendem Salzwasser blanchieren, eiskalt abschrecken und gut abtropfen lassen. Dann den Topfinhalt mit dem Mixstab pürieren. Die Crème fraîche unterrühren, aufkochen und die Suppe mit Salz, Pfeffer und Zitronensaft abschmecken.

4 Zum Schluss den Parmesan und den restlichen Rucola untermischen. Die Suppe in Tassen oder Teller füllen und mit den Spargelspitzen garnieren.

Sellerie-Spargelkremsuppe mit Trüffel

1 Den Spargel schälen und in dünne Scheiben schneiden. Den Stangensellerie waschen und ebenfalls in feine Scheiben schneiden. Die Schalotten schälen, fein hacken und in einem größeren Topf in Butter andünsten.

2 Den Spargel und den Sellerie darin bei milder Hitze andünsten. Die Kartoffel großzügig schälen, waschen und grob in Würfel schneiden, dazugeben und kurz andünsten.

3 Mit der Gemüsebrühe aufgießen, den Thymian dazugeben und alles 30 Minuten zugedeckt köcheln lassen. Den Thymianzweig entfernen und das Gemüse pürieren. Die Sahne dazugießen, aufkochen und 10 Minuten köcheln lassen. Die Suppe mit Salz, Pfeffer, Muskat und Zitronensaft kräftig abschmecken.

4 Die Trüffel in sehr feine Streifen schneiden. Die Suppe in Teller füllen und mit den Trüffelstreifen bestreuen.

Extravagant

- 500 g weißer Spargel
- 250 g Stangensellerie
- 3 Schalotten
- 2 EL Butter
- 1 große Kartoffel
- ¾ l Gemüsebrühe
- 1 Zweig Thymian
- 200 g Sahne
- Salz, Pfeffer, Muskat
- Zitronensaft
- 1 schwarze Trüffel

Zubereitung: ca. 40 Min.

Asiatische Spargelsuppe mit Fisch

1 Knoblauchzehe und Ingwerwurzel schälen und fein hacken. Die Chilischote entkernen, waschen und in schmale Ringe schneiden. Den Spargel waschen, das untere Drittel schälen, die Enden abschneiden. Den Spargel schräg in 1 cm breite Scheiben schneiden.

2 Das Öl in einem breiten Topf erhitzen. Den Ingwer mit Knoblauch und Chili kurz darin andünsten. Den Spargel dazugeben und 3 Minuten dünsten. Mit der Kokossahne und dem Fischfond aufgießen und aufkochen.

3 Den Limettensaft dazugeben, mit Salz und Pfeffer würzen und 15 Minuten köcheln lassen. Den Fisch kalt abspülen und in mundgerechte Stücke schneiden. In die Suppe geben und bei milder Hitze 5 Minuten garen. Das Thaibasilikum abbrausen, abzupfen und untermischen.

Schnell

- 1 Knoblauchzehe
- 1 Stück frische Ingwerwurzel (ca. 1 cm)
- 1 rote Chilischote
- 500 g grüner Spargel
- 2 EL Öl
- 1 Dose Kokossahne
- ¾ l Fischfond
- Saft von 1 Limette
- Salz, Pfeffer
- 500 g Fischfilet
- 1 Zweig Thaibasilikum

Zubereitung: ca. 35 Min.

Spargeltopf mit Frühlingsgemüsen und Minze

Ganz leicht
250 g junge Möhren
5 Frühlingszwiebeln
3 EL Olivenöl
200 g Erbsen
750 g grüner Spargel
Salz, Pfeffer
etwas Thymian
1 l Gemüsebrühe
½ Bund frische Minze

Zubereitung: ca. 45 Min.

1 Die Möhren vom Grün befreien, schälen, waschen und in dünne Scheiben schneiden. Die Frühlingszwiebeln putzen und in feine Ringe schneiden.

2 In einem Topf das Olivenöl erhitzen und die Möhren bei schwacher Hitze mit den Frühlingszwiebeln andünsten. Die Erbsen aus den Schoten lösen, den Spargel waschen, das untere Drittel schälen und die Enden abschneiden. Den Spargel in ca. 1,5 cm lange Stücke schneiden, mit den Erbsen in den Topf geben und kurz mitdünsten.

3 Das Gemüse mit Salz, Pfeffer und Thymian würzen und mit der Gemüsebrühe aufgießen. Aufkochen, dann zugedeckt bei milder Hitze etwa 20 Minuten köcheln. Den Eintopf mit Salz und Pfeffer abschmecken.

4 Die Minze waschen, die Blättchen abzupfen, grob hacken und zum Schluss unter den Eintopf mischen.

Zucchini-Spargelsuppe mit Balsamico und Basilikum

Ganz leicht
500 g kleine Zucchini
1 Zwiebel
1 Knoblauchzehe
2 EL Olivenöl
500 g grüner Spargel
Salz, Pfeffer
1 l Gemüsebrühe
1 Bund Basilikum
1 TL Balsamicoessig

Zubereitung: ca. 40 Min.

1 Die Zucchini putzen, waschen und in Scheiben schneiden. Die Zwiebeln und den Knoblauch schälen, fein hacken und in Olivenöl zusammen mit den Zucchinischeiben andünsten.

2 Den Spargel waschen, das untere Drittel schälen und die Enden abschneiden. Den Spargel in Scheiben schneiden und in den Topf geben, kurz mitdünsten und mit Salz und Pfeffer würzen. Mit der Gemüsebrühe aufgießen, langsam aufkochen und zugedeckt bei mittlerer Hitze ca. 25 Minuten köcheln lassen.

3 Das Basilikum waschen, abzupfen und bis auf einige Blättchen in schmale Streifen schneiden. Die Suppe pürieren und mit Salz, Pfeffer und Essig abschmecken. Das Basilikum untermischen. Mit den restlichen Basilikumblättchen garniert servieren.

Spargeltopf mit Frühlingsgemüsen und Minze

Kerbel-Spargelsuppe mit Schinken

Ganz leicht

- 2 Schalotten, 2 EL Butter
- 2 Kartoffeln, mehlige Sorte (ca. 200 g)
- 1 l Gemüsebrühe
- 500 g weißer Spargel
- 100 g Kerbel
- Salz, Pfeffer
- 1 Prise Muskat
- 150 g Crème fraîche
- 150 g Schwarzwälder Schinken in Scheiben
- 1 TL Apfelessig

Zubereitung: ca. 40 Min.

1 Schalotten schälen und fein hacken. In heißer Butter andünsten. Die Kartoffeln schälen, klein würfeln und kurz mitdünsten. Mit der Gemüsebrühe aufgießen und 10 Minuten köcheln lassen.

2 Den Spargel schälen und die Enden abschneiden. Die Spargelstangen in kleine Stücke schneiden. Den Kerbel waschen, die Stiele abzupfen und bis auf einige Blättchen mit dem Spargel in den Topf geben. Mit Salz, Pfeffer und Muskat würzen und zugedeckt etwa 20 Minuten köcheln.

3 Den Topfinhalt mit dem Mixstab pürieren. Die Crème fraîche unterrühren, aufkochen und weitere 5 Minuten köcheln lassen. Den Schinken vom Fettrand befreien und in schmale Streifen schneiden. Die Suppe mit Salz, Pfeffer und Apfelessig abschmecken und in Tassen oder Teller füllen. Mit den Schinkenstreifen bestreuen und mit den restlichen Kerbelblättchen garnieren.

Spargel-Basilikumkremsuppe mit Tomaten

Sommerlich

- 1 kg grüner Spargel
- 1 mittelgroße Zwiebel
- 1 kleine Knoblauchzehe
- 4 EL Olivenöl
- 1 Bund Basilikum
- 1 l Gemüsebrühe
- 1 große Fleischtomate
- 2 Scheiben Toastbrot
- 150 g Crème fraîche
- Salz, Pfeffer
- 1 Msp. Cayennepfeffer

Zubereitung: ca. 40 Min.

1 Den Spargel waschen, das untere Drittel schälen und die Enden abschneiden. Den Spargel in kleine Stücke schneiden. Die Zwiebel und den Knoblauch schälen, fein hacken und in 2 EL Olivenöl andünsten.

2 Das Basilikum abzupfen, abbrausen und die Blättchen in schmale Streifen schneiden. Mit dem Spargel in den Topf geben und kurz andünsten. Mit der Gemüsebrühe aufgießen und zugedeckt 20 Minuten bei milder Hitze köcheln lassen.

3 Die Fleischtomate überbrühen, häuten, entkernen und das Fruchtfleisch in kleine Würfel schneiden. Die Toastscheiben klein würfeln und im restlichen Olivenöl goldgelb rösten.

4 Den Topfinhalt pürieren, die Crème fraîche untermischen und 10 Minuten köcheln. Die Suppe mit Salz, Pfeffer und Cayennepfeffer abschmecken. Die Spargelkremsuppe in Tassen oder Teller füllen, mit den Croûtons und den Tomatenwürfeln bestreuen.

Garnelen-Spargeltopf

1 Die Ingwerwurzel schälen und fein hacken. Die Chilischote entkernen, abbrausen und in schmale Ringe schneiden. Das Zitronengras abbrausen und in sehr schmale Ringe schneiden.

2 Das Öl in einem breiten Topf erhitzen und das Zitronengras mit Ingwer und Chili kurz darin andünsten. Mit der Gemüsebrühe aufgießen, den Limettensaft dazugeben und aufkochen. Mit Salz und Pfeffer würzen und 20 Minuten köcheln lassen.

3 Den Spargel waschen, das untere Drittel schälen und den Spargel in dünne Scheiben schneiden. Die Garnelen aus den Schalen lösen, dann am Rücken entlang aufschlitzen und den Darm entfernen. Zusammen mit dem Spargel in die Suppe geben und alles bei milder Hitze in etwa 10 Minuten gar ziehen lassen.

4 Das Thaibasilikum abbrausen und abzupfen. Die Suppe mit dem Thaibasilikum garnieren.

Tipp

Die exotischen Zutaten bekommen Sie in Asienläden.

Schnell

- 1 Stück frische Ingwerwurzel (ca. 3 cm)
- 1 frische rote Chilischote
- 1 Stängel Zitronengras
- 1 EL Öl
- 1 l Gemüsebrühe
- Saft von 1 Limette
- Salz, Pfeffer
- 500 g grüner Spargel
- 300 rohe Garnelen
- 1 Zweig Thaibasilikum

Zubereitung: ca. 30 Min.

Paprika-Spargelsuppe

1 Den Spargel schälen, die Enden abschneiden. Die Spargelstangen in 1 cm breite Scheiben schneiden. Die Paprikaschoten putzen, waschen und klein würfeln. Die Schalotten schälen und fein hacken.

2 Die Butter erhitzen und die Schalotten, den Spargel sowie die Paprikawürfel kurz darin andünsten. Mit Salz, Pfeffer und Safran würzen. Mit der Gemüsebrühe aufgießen und zugedeckt 20 Minuten bei schwacher Hitze köcheln.

Ganz leicht

- 500 g weißer Spargel
- 2 gelbe Paprikaschoten
- 4 Schalotten
- 2 EL Butter
- Salz, Pfeffer
- 1 Prise Safran, gemahlen
- 1 große Fleischtomate
- 1 l Gemüsebrühe

Zubereitung: ca. 40 Min.

Grüne Spargelkremsuppe mit Krabben

Schnell

- 1 kg grüner Spargel
- 1 mittelgroße Zwiebel
- 1 Knoblauchzehe
- 2 EL Butter
- 1 Zweig Oregano
- ¾ l Gemüsebrühe
- 200 g Krabben
- 150 g Crème fraîche
- Salz, weißer Pfeffer
- Zitronensaft

Zubereitung: ca. 30 Min.

1 Den Spargel waschen. Das untere Drittel schälen und die Enden abschneiden. Die Spargelstangen in kleine Stücke schneiden.

2 Die Zwiebel und den Knoblauch schälen und fein hacken. Die Zwiebel mit 1 EL heißer Butter andünsten, dann die Spargelstücke mitdünsten.

3 Den Oregano abbrausen, die Blättchen von den Stängeln zupfen und kurz mitdünsten. Die Gemüsebrühe dazugießen, aufkochen und zugedeckt bei mittlerer Hitze 25 Minuten köcheln.

4 Die Krabben kurz in 1 EL Butter schwenken. Den gehackten Knoblauch dazugeben und die Krabben beiseite stellen. Den Topfinhalt mit dem Mixstab pürieren und die Hälfte der Crème fraîche unterrühren. Nochmals aufkochen und mit Salz, Pfeffer und Zitronensaft abschmecken. Die Krabben auf der Suppe verteilen.

Grüner Gemüseeintopf mit Spargel

Ganz leicht

- 500 g grüner Spargel
- 250 g Zucchini
- 1 große Zwiebel
- 3 Knoblauchzehen
- 3 EL Olivenöl
- 5 Frühlingszwiebeln
- Salz, Pfeffer
- 1 l Gemüsebrühe
- je 1 TL Thymian und Oregano
- 200 g Spinat

Zubereitung: ca. 45 Min.

1 Den Spargel waschen, das untere Drittel schälen und die Enden abschneiden. Den Spargel in Scheiben schneiden. Die Zucchini putzen, waschen und in 1 cm große Würfel schneiden. Die Zwiebel und den Knoblauch schälen, fein hacken und in einem großen Topf in Olivenöl andünsten. Dann die Spargelscheiben sowie die Zucchiniwürfel in den Topf geben und mit andünsten.

2 Die Frühlingszwiebeln putzen, waschen, in Ringe schneiden und dazugeben. Mit Salz und Pfeffer würzen und mit Gemüsebrühe aufgießen. Thymian und Oregano dazugeben, aufkochen und 15 Minuten köcheln lassen.

3 Inzwischen den Spinat putzen, waschen und untermischen. Weitere 5 Minuten garen. Den Eintopf nach Belieben noch einmal abschmecken.

Grüne Spargelkremsuppe mit Krabben

Spargelschaumsuppe mit Schinkenstreifen

Ganz leicht

- 750 g weißer Spargel
- 1 mittelgroße Zwiebel
- 2 El Butter
- ¾ l Hühnerbrühe
- 250 g Sahne
- Salz, Pfeffer
- Zitronensaft
- 200 g gekochter Schinken in Scheiben
- ½ Bund Schnittlauch

Zubereitung: ca. 40 Min.

1 Den Spargel schälen und in ca. 3 cm lange Stücke schneiden, die Spargelspitzen beiseite legen. Die Zwiebel schälen, würfeln und in einem großen Topf in Butter weich dünsten. Die Spargelstücke dazugeben und kurz andünsten.

2 Mit der Hühnerbrühe aufgießen, aufkochen und ca. 20 Minuten köcheln lassen. Dann alles im Mixer pürieren und durch ein Sieb wieder in den Topf gießen. Die Hälfte der Sahne dazugeben und aufkochen. Mit Salz, Pfeffer und Zitronensaft würzen.

3 Den Schinken vom Fettrand befreien und in schmale Streifen schneiden. Zusammen mit den Spargelspitzen 5 Minuten in der Suppe ziehen lassen.

4 Inzwischen den Schnittlauch waschen und klein schneiden. Die restliche Sahne steif schlagen und vor dem Servieren unterheben. Die Suppe auf vier Teller oder Tassen verteilen und mit dem Schnittlauch bestreuen.

Spargeleintopf mit Kartoffeln und Kasseler

Ganz leicht

- 500 g Kartoffeln
- 400 g Kasseler ohne Knochen
- 1 große Zwiebel
- 2 EL Butter
- Salz, Pfeffer
- 1 Zweig Thymian
- 1 l Fleischbrühe
- 500 g grüner Spargel

Zubereitung: ca. 35 Min.

1 Die Kartoffeln schälen und in 1,5 cm große Würfel schneiden. Das Kasseler ebenfalls in 1 cm große Würfel schneiden. Die Zwiebel schälen und fein hacken.

2 Die Butter in einem großen Topf erhitzen und die Kartoffeln mit dem Kasseler darin bei mittlerer Hitze anbraten. Die Zwiebel untermischen und kurz mitdünsten. Alles mit Salz und Pfeffer würzen und die abgezupften Thymianblättchen dazugeben. Die Fleischbrühe dazugießen, aufkochen und zugedeckt 15 Minuten garen.

3 Inzwischen den Spargel waschen, das untere Drittel schälen und die Enden abschneiden. Den Spargel schräg in 1 cm lange Stücke schneiden und unter die anderen Zutaten mischen. Alles zusammen zugedeckt weitere 15 Minuten garen. Den Eintopf nochmals abschmecken.

Spargelschaumsuppe mit Schinkenstreifen

Kremsuppe mit Spargel und Forellennocken

Extravagant

- 300 g Lachsforellenfilet, gehäutet
- 1 Eigelb
- 2 TL Semmelbrösel
- Salz, weißer Pfeffer
- Zitronensaft
- 1 Bund Dill
- 500 g weißer Spargel
- 2 Schalotten
- 2 EL Butter
- 100 ml trockener Weißwein
- ¾ l Gemüsebrühe
- 200 g Sahne
- 1 Msp. Cayennepfeffer

Zubereitung: ca. 35 Min.

1 Den Fisch falls nötig von Gräten befreien und mit dem Eigelb und den Semmelbröseln im Mixer pürieren. Die Masse mit Salz, Pfeffer und Zitronensaft abschmecken. Den Dill waschen, abzupfen und sehr fein hacken. Einen Teelöffel davon unter die Lachsmasse mischen und 10 Minuten kalt stellen.

2 Den Spargel schälen, die Enden abschneiden und die Spargelstangen in etwa 1 cm lange Stücke schneiden. Die Schalotten schälen und sehr fein hacken. Die Butter in einem Topf erhitzen. Schalotten und Spargel darin andünsten. Mit dem Weißwein ablöschen, die Gemüsebrühe und die Hälfte der Sahne dazugeben. Aufkochen und 20 Minuten köcheln lassen.

3 Inzwischen aus der Fischfarce mit zwei Teelöffeln 12 kleine Nocken formen und in leise siedendem Salzwasser in ca. 5 Minuten gar ziehen lassen. Die Suppe mit dem Mixstab pürieren, mit Salz, Pfeffer und Cayennepfeffer abschmecken. Die restliche Sahne steif schlagen und zum Schluss unterziehen.

4 Die Suppe in Tassen oder Teller füllen, je 3 Fischnocken darin verteilen und mit dem restlichen Dill bestreuen.

Beilagentipp

Dazu passt getoastetes Baguette und als Getränk ein Prosecco.

Tipp

Die Forellennocken können gut vorbereitet und auch eingefroren werden.

Variante

Anstelle des Fischs können Sie auch Kalbsbrät verwenden. Da es nicht immer zu bekommen ist, sollten Sie es bei Ihrem Metzger vorbestellen.

Kopfsalat-Spargelsuppe

1 Den Salat putzen, zerteilen und waschen. Die Blätter in Streifen schneiden. In kochendem Salzwasser kurz blanchieren, eiskalt abschrecken und gut abtropfen lassen.

2 Die Frühlingszwiebeln putzen, waschen und in schmale Ringe schneiden. In einem Topf in heißer Butter andünsten. Die Gemüsebrühe mit der Crème fraîche dazugeben und 10 Minuten offen köcheln lassen.

3 Inzwischen den Spargel schälen und die Enden abschneiden. Die Spargelstangen in zentimeterlange Stücke schneiden.

4 Die Salatstreifen in den Topf geben und 5 Minuten köcheln lassen. Den Topfinhalt mit dem Mixstab pürieren und kurz aufkochen. Den Spargel untermischen und bei schwacher Hitze 10 Minuten gar ziehen lassen.

5 Die Suppe mit Salz, Pfeffer, Muskat und Zitronensaft kräftig abschmecken und in Tassen oder Teller füllen.

Beilagentipp

Getoastete Baguettescheiben, mit Kräuterbutter bestrichen.

Tipp

Mischen Sie zu den Frühlingszwiebeln viele verschiedene Kräuter, z. B. Basilikum, Rucola oder Sauerampfer – dann schmeckt die Suppe so richtig nach Frühling.

Varianten

Anstelle des Kopfsalates konnen Sie auch Endiviensalat verwenden.
Wer es herzhafter mag, kann klein geschnittenen, ausgebratenen Räucherspeck zum Schluss in die Suppe rühren.

Ganz leicht

- 1 großer Kopfsalat
- Salz
- 4 Frühlingszwiebeln
- 2 EL Butter
- ¾ l Gemüsebrühe
- 250 g Crème fraîche
- 500 g weißer Spargel
- Pfeffer
- 1 Prise Muskat, frisch gerieben
- Zitronensaft

Zubereitung: ca. 45 Min.

Spargel vegetarisch

So variantenreich kann das Edelgemüse sein: Mit den hier vorgestellten köstlichen Kombinationen kommt das typische und beliebte Spargelaroma einmal anders und ganz besonders gut zur Geltung.

Spargel-Paprikapastetchen mit Senfsahne

Extravagant

2 rote Paprikaschoten (ca. 300 g)
1 kg grüner Spargel
Salz
schwarzer Pfeffer aus der Mühle
1 Prise Muskat, frisch gerieben
5 EL Butter
1 kleine Zwiebel
200 g Crème fraîche
200 ml Geflügelbrühe
1 EL süßer Senf
1 EL scharfer Senf

Zubereitung: ca. 50 Min.

1 Die Paprikaschoten halbieren, vom Kernhaus befreien und mit der Hautseite nach oben ca. 15 Minuten in den auf 250 °C (Gas Stufe 5; Umluft 230 °C) vorgeheizten Backofen oder 10 Minuten in den Grill legen, bis die Haut zu bräunen beginnt.

2 Den Spargel waschen, das untere Drittel schälen und den Spargel in dünne Scheiben schneiden. Dann in kochendem Salzwasser 5 Minuten garen. In ein Sieb geben, eiskalt abschrecken und sehr gut abtropfen lassen. Mit Salz, Pfeffer und Muskat würzen.

3 Vier Souffleeförmchen (ca. 0,25 l Inhalt) mit 4 EL Butter einfetten. Die Paprikaschoten in schmale Streifen schneiden, in den Förmchen verteilen und festdrücken. Dann den Spargel einfüllen und festdrücken.

4 Die Förmchen für 10 Minuten in den auf 100 °C (Gas Stufe 1; Umluft 80 °C) vorgeheizten Backofen stellen. Inzwischen die Zwiebel schälen, fein hacken und in der restlichen Butter weich dünsten. Die Crème fraîche, die Brühe und den Senf dazugeben und 10 Minuten köcheln lassen, bis die Soße kremig ist. Mit Salz und Pfeffer abschmecken. Die Pastetchen auf Teller stürzen und mit der Soße umgießen.

Beilagentipp

Probieren Sie dazu halbierte und kurz in Butter gebratene Bagels.

Variante

Anstelle der Senfsoße harmoniert auch eine leichte Tomatensoße mit den Pastetchen.

Foto Seite 46

Spargel-Nudelgratin

1 Die Nudeln in kochendem Salzwasser in ca. 10 Minuten bissfest garen. In ein Sieb gießen und sehr gut abtropfen lassen. Den Backofen auf 200 °C (Gas Stufe 3; Umluft 180 °C) vorheizen. Die Petersilie waschen, abzupfen und fein hacken.

2 Den Spargel waschen, dann das untere Drittel schälen und die Enden abschneiden. Den Spargel in ca. 2 cm lange Stücke schneiden und in kochendem Salzwasser 5 Minuten blanchieren. In ein Sieb geben, eiskalt abschrecken und sehr gut abtropfen lassen.

3 Eine Auflaufform einfetten, die Nudeln mit dem Spargel und der Petersilie mischen. Mit Salz, Pfeffer und Muskat würzen und in die Form füllen.

4 Die Sahne mit dem Käse verrühren, mit Muskat und Pfeffer würzen und über die Zutaten gießen. Das Gratin im Backofen in 25 Minuten gratinieren.

Ganz leicht

- 250 g Schmetterlingsnudeln (Farfalle)
- Salz
- 1 Bund Petersilie
- 1 kg grüner Spargel
- Fett für die Form
- Pfeffer
- 1 Prise Muskat
- 200 g Sahne
- 100 g Emmentaler, frisch gerieben

Zubereitung: ca. 1 Std.

Spargel mit Safran-Hollandaise

1 In einem großen Topf reichlich Salzwasser mit einer Prise Zucker aufkochen. Den Spargel schälen und die Enden abschneiden. Den Spargel in das kochende Wasser legen und bei mittlerer Hitze zugedeckt 15–20 Minuten garen.

2 Für die Sauce Hollandaise den Weißwein mit den Eigelben in eine kleine Metallschüssel füllen und verrühren. Die Schüssel in ein leicht siedendes Wasserbad stellen und die Eigelbe mit dem Handrührgerät schaumig schlagen.

3 Die Butter in Flöckchen dazugeben und unterschlagen, den Safran dazugeben. Weiterschlagen bis eine dickkremige Soße entstanden ist. Das Wasserbad darf nicht zu heiß werden, da das Eigelb in der Soße sonst gerinnt.

4 Die Safran-Hollandaise mit Salz, weißem Pfeffer und Zitronensaft abschmecken. Den gegarten Spargel auf einer vorgewärmten Platte anrichten und mit der Safran-Hollandaise servieren.

Ganz leicht

- Salz, 1 Prise Zucker
- 1,5 kg weißer Spargel
- 1 EL trockener Weißwein
- 4 Eigelb
- 250 g Süßrahmbutter
- 1 Döschen Safran, gemahlen
- weißer Pfeffer aus der Mühle
- Zitronensaft

Zubereitung: ca. 50 Min.

Basilikum-Klößchen auf Spargelragout

Extravagant

- 4 Schalotten
- 4 EL Butter
- 3 Bund Basilikum
- 750 g Magerquark, gut abgetropft
- 3 Eier
- 4 EL Crème fraîche
- 200 g Mehl
- 150 g Semmelbrösel
- Salz, Pfeffer
- 1 Prise Muskat, frisch gerieben
- 500 g weißer Spargel
- 500 g grüner Spargel
- ¼ l trockener Weißwein
- ¼ l Gemüsebrühe
- 250 g Crème fraîche

Zubereitung: ca. 45 Min.

1 Die Schalotten schälen und fein hacken. Die Hälfte davon in 1 EL Butter weich dünsten. Das Basilikum waschen, abzupfen und fein hacken, kurz mit den Schalotten dünsten und abkühlen lassen.

2 Den Magerquark durch ein Sieb in eine Schüssel streichen. Die Eier und die Crème fraîche dazugeben und glatt rühren. Das Mehl und die Semmelbrösel sowie die Schalotten-Basilikum-Mischung dazugeben. Den Teig mit Salz, Pfeffer und Muskat würzen und am besten mit den Händen oder den Knethaken des Handrührers gut durchmischen.

3 Reichlich Salzwasser in einem großen Topf aufkochen. Aus dem Teig eine Rolle formen und in 12 Teile schneiden. Davon mit bemehlten Händen Klöße formen und in dem siedenden Salzwasser bei milder Hitze in ca. 12 Minuten gar ziehen lassen.

4 Den weißen Spargel schälen, den grünen waschen. Die Spargelstangen schräg in zentimeterlange Stücke schneiden. Die restlichen Schalotten mit dem Spargel 5 Minuten in der restlichen Butter andünsten. Mit dem Weißwein ablöschen, die Gemüsebrühe und die Sahne dazugeben und alles weitere 5 Minuten köcheln. Das Ragout mit Salz, Pfeffer und Muskat würzen.

5 Die Klößchen mit einem Schaumlöffel herausnehmen, gut abtropfen lassen und auf vorgewärmten Tellern mit dem Spargelragout anrichten.

Zweierlei Spargel mit Rote-Bete-Mousse

Extravagant

- 300 g Rote Bete, gekocht in Folie
- 300 g Frischkäse
- 1 TL Zitronensaft
- Salz, Pfeffer
- 1 Msp. Cayennepfeffer
- 500 g weißer Spargel
- 1 kg grüner Spargel
- 4 EL Weißweinessig
- 2 TL mittelscharfer Senf
- 5 EL Mandelöl
- 1 Hand voll Kerbel

Zubereitung: ca. 45 Min.

1 Die Rote Bete im Mixer pürieren. Mit dem Frischkäse und dem Zitronensaft mischen. Mit Salz, Pfeffer und Cayennepfeffer abschmecken und kalt stellen.

2 Den weißen Spargel schälen und die Enden abschneiden. Vom grünen Spargel das untere Drittel schälen und ebenfalls die Enden abschneiden. Grünen und weißen Spargel jeweils mit Küchenzwirn zusammenbinden.

3 Reichlich Salzwasser aufkochen und zuerst den weißen Spargel knapp 20 Minuten, dann den grünen Spargel etwa 10 Minuten garen. Den Spargel herausnehmen, gut abtropfen lassen und auf eine Platte legen.

4 Den Weißweinessig mit Salz, Senf und Mandelöl zu einer kremigen Salatsoße aufschlagen. Die Soße gleichmäßig auf den Spargel gießen und ca. 20 Minuten ziehen lassen. Zum Schluss den Kerbel einstreuen. Von der Mousse mit einem Esslöffel Nocken abstechen und mit dem marinierten Spargel auf Tellern anrichten.

Spargelsoufflee mit Kräutern

Etwas aufwendiger

- 500 g weißer Spargel
- 3 EL Butter
- 1 Bund Petersilie
- 1 Bund Schnittlauch
- 4 Eier
- 400 g Frischkäse
- Salz, Pfeffer, Muskat
- 2 EL Zitronensaft
- Fett für die Form

Zubereitung : ca. 50 Min.

1 Den Spargel schälen, die Enden abschneiden und die Stangen in feine Scheiben hobeln. In einer Kasserolle in 2 EL Butter schwenken und pürieren. Die Kräuter abbrausen, abzupfen und fein hacken.

2 Den Backofen auf 180 °C (Gas Stufe 2; Umluft 160 °C) vorheizen. Die Eier trennen und die Eigelbe mit dem Frischkäse gründlich unter das Spargelpüree rühren. Mit Salz, Pfeffer, Muskat und Zitronensaft abschmecken. Die Eiweiße zu steifem Schnee schlagen und gleichmäßig unterheben.

3 Die Masse in eine gefettete Souffleeform (1,5 l Inhalt) oder in vier Portionsförmchen füllen und im Backofen ca. 30–35 Minuten backen. Herausnehmen und sofort servieren, da das Soufflee schnell zusammenfällt.

Graupenrisotto mit Pilzen und grünem Spargel

1 Die Zwiebel schälen, fein hacken und in 2 EL Butter in einem Topf andünsten. Die Perlgraupen dazugeben und umrühren, bis alle Körnchen einen Fettfilm haben. Mit dem Weißwein ablöschen.

2 Den Thymian dazugeben, salzen, pfeffern und mit der Gemüsebrühe aufgießen. Alles langsam aufkochen und zugedeckt bei milder Hitze 25 Minuten garen, dabei immer wieder umrühren. Inzwischen die Pilze putzen, kurz waschen und je nach Größe klein schneiden oder ganz lassen.

3 Das Haselnussöl in einer Pfanne erhitzen. Die Pilze darin kräftig anbraten und 10 Minuten dünsten, bis fast alle Flüssigkeit verdampft ist. Den Knoblauch schälen und dazupressen, salzen und pfeffern.

4 Den Spargel waschen und das untere Drittel schälen, die Enden abschneiden. Die Spargelstangen einmal längs und zweimal quer durchschneiden und in 2 EL heißer Butter 10 Minuten dünsten, salzen und pfeffern. Die Graupen abschmecken und den Parmesan unterrühren. Mit den Pilzen und dem Spargel mischen.

Beilagentipp

Einen gemischten Salat mit einer Vinaigrette aus Olivenöl und Balsamicoessig dazu reichen.

Herzhaft
1 mittelgroße Zwiebel
4 EL Butter
200 g Perlgraupen
100 ml trockener Weißwein
½ l Gemüsebrühe
1 Zweig Thymian
Salz, Pfeffer
500 g gemischte Pilze (Waldpilze oder Austernpilze, Champignons und Egerlinge)
3 EL Haselnussöl
2 Knoblauchzehen
500 g grüner Spargel
50 g Parmesan, frisch gerieben

Zubereitung: ca. 45 Min.

Spargel in Möhrenpfannkuchen und Petersilien-Dip

Etwas aufwendiger

- 1,5 kg weißer Spargel
- 250 g Möhren
- 100 g Mehl
- 150 ml Milch
- Salz, Pfeffer
- 4 Eier, 3 EL Öl
- 2 Knoblauchzehen
- 2 Bund Basilikum
- 2 Bund Petersilie
- 500 g Sahnequark

Zubereitung: ca. 1 Std.

1 Den Spargel schälen, die Enden abschneiden. Die Möhren schälen und grob in eine Schüssel raspeln. Das Mehl und die Milch untermischen, mit Salz und Pfeffer würzen und die Eier unterrühren.

2 Den Spargel in kochendem Salzwasser etwa 20 Minuten garen. In einer Pfanne in je 1 TL Öl acht dünne Pfannkuchen ausbacken. Im Backofen bei 100 °C (Gas Stufe 1; Umluft 80 °C) warm halten.

3 Den Knoblauch schälen. Das Basilikum und die Petersilie abbrausen, abzupfen und die Blättchen mit dem Quark und dem Knoblauch pürieren. 100 ml des Spargelsuds unterrühren. Mit Salz und Pfeffer abschmecken.

4 Den Spargel aus dem Sud nehmen, abtropfen lassen. Anteilig in die Pfannkuchen wickeln und mit dem Dip servieren.

Reis-Spargelgratin

Etwas aufwendiger

- Salz
- 250 g Langkornreis
- 1 Zwiebel, 2 EL Butter
- 500 g grüner Spargel
- 250 g Blattspinat
- Pfeffer, 1 Prise Muskat
- 2 Kugeln Mozzarella
- 50 g Parmesan, frisch gerieben
- 50 g Butter in Flocken
- Fett für die Form

Zubereitung: ca. 50 Min.

1 Den Backofen auf 200 °C (Gas Stufe 3; Umluft 180 °C) vorheizen. Den Reis in Salzwasser bei milder Hitze in ca. 25 Minuten garen. Die Zwiebel schälen, fein hacken und weich dünsten.

2 Den Spargel waschen, das untere Drittel schälen, die Enden abschneiden. Den Spargel in 1 cm breite Stücke schneiden und kurz mitdünsten. Den Spinat putzen, waschen, kurz abtropfen lassen und unter den Spargel mischen. Mit Salz, Pfeffer und Muskat würzen.

3 Eine Auflaufform einfetten. Den Mozzarella würfeln. Mit dem Reis und der Spargel-Spinatmischung verrühren und in die Form füllen. Mit Parmesan bestreuen, Butterflocken obenauf geben. Im Backofen (Mitte) in 25 Minuten gratinieren.

Spargel in Möhrenpfannkuchen und Petersilien-Dip

Spargeltarte mit Schnittlauch

Ganz leicht

Für den Teig
250 g Mehl
125 g kalte Butter
1 Ei, Salz
Für den Belag
500 g weißer Spargel
Salz
2 Bund Schnittlauch
400 g Frischkäse
150 g Crème fraîche
2 Eier
Pfeffer, Muskat

Zubereitung: ca. 1 Std.

1 Das Mehl in eine Schüssel geben. Die Butter in Würfel schneiden und mit dem Ei und dem Salz dazugeben. Alles mit den Knethaken des Handrührers zu einem geschmeidigen Teig verarbeiten und zugedeckt 30 Minuten kühl stellen.

2 Den Spargel schälen, die Enden und Spitzen abschneiden. Den Spargel in kochendem Salzwasser 5 Minuten blanchieren, die Spargelspitzen nach 3 Minuten dazugeben. Alles in ein Sieb geben und sehr gut abtropfen lassen. Den Schnittlauch waschen und in feine Röllchen schneiden.

3 Den Frischkäse mit einer Gabel zerdrücken, die Crème fraîche, die Eier und den Schnittlauch unterrühren. Die Mischung mit Salz, Pfeffer und Muskat würzen. Den Backofen auf 200 °C (Gas Stufe 3; Umluft 180 °C) vorheizen.

4 Eine Form (ca. 26 cm Durchmesser) einfetten. Den Teig auf einer bemehlten Fläche ausrollen, in die Form legen und einen 3 cm hohen Rand bilden. Den Spargel auf dem Teigboden verteilen und mit der Käsemischung bedecken. Die Tarte im Backofen (Mitte) 35–40 Minuten backen.

Gedünsteter Spargel

Schnell

1 kg weißer oder grüner Spargel
1 EL Butter, 3 EL Sahne
Salz, 1 Prise Zucker
½ Bund glatte Petersilie
3–4 Bund Schnittlauch
1 Knoblauchzehe
⅛ l Weißweinessig
Pfeffer
1 TL scharfer Senf
⅛ l Olivenöl

Zubereitung: ca. 30 Min.

1 Den Spargel waschen, schälen und in etwa 5 cm lange Stücke schneiden. Die Butter schmelzen, dann die Spargelstücke zugeben und zugedeckt bei milder Hitze etwa 15 Minuten dünsten.

2 Am Ende der Garzeit die süße Sahne zugießen, mit Salz und Zucker abschmecken und die Flüssigkeit etwas einkochen lassen. Die Petersilie abbrausen, fein hacken und vor dem Servieren über den Spargel streuen.

3 Den Schnittlauch abbrausen und in feine Röllchen schneiden. Den Knoblauch schälen und durch die Presse drücken. Den Weißweinessig mit Salz, Pfeffer, Knoblauch, Senf und Olivenöl im Mixer oder mit dem Mixstab aufschlagen, bis eine kremige Marinade entstanden ist. Zum Schluss den Schnittlauch unterrühren. Die Soße mit dem Spargel servieren.

Spargel-Spinat-Strudel

1 Für den Vorteig das Mehl in eine Schüssel sieben und in die Mitte eine Mulde drücken. Die Hefe hineinbröckeln und den Zucker zufügen. Von dem Wasser 3 EL abnehmen, zur Hefe geben und zu einem Brei verrühren. Den Vorteig zugedeckt an einem warmen Ort 10 Minuten gehen lassen, bis die Hefe Blasen wirft.

2 Dann das restliche Wasser mit 1 TL Salz sowie das Olivenöl dazugeben und unter den Teig kneten. Zugedeckt weitere 40 Minuten gehen lassen.

3 Inzwischen die Frühlingszwiebeln putzen, waschen und fein hacken. Den Spargel schälen, die Enden abschneiden und den Spargel in dünne Scheiben schneiden. In einem Topf in 2 EL heißem Öl mit den Frühlingszwiebeln andünsten. Den Spinat putzen, gut waschen oder auftauen und dazugeben. Den Knoblauch schälen, dazupressen und alles 5 Minuten dünsten. Mit Salz, Pfeffer und Muskat kräftig würzen.

4 Den Spinat und den Spargel gut abtropfen und etwas abkühlen lassen. Den Parmesan untermischen. Den Backofen auf 200 °C (Gas Stufe 3; Umluft 180 °C) vorheizen.

5 Den Hefeteig auf einer bemehlten Arbeitsfläche rechteckig ca. 30 x 25 cm ausrollen. Die Spargel-Spinat-Mischung darauf geben. Den Teig zusammenklappen. Die Nahtstellen rundum mit einer Gabel zusammendrücken.

6 Die Rolle auf ein gefettetes oder mit Backpapier ausgelegtes Blech geben. Das Eigelb mit der Sahne verquirlen, die Rolle damit bestreichen und in ca. 30 Minuten im Backofen (Mitte) goldgelb backen.

Beilagentipp

Eine Tomatensoße passt sehr gut dazu.

Etwas aufwendiger

Für den Teig

- 250 g Weizenmehl
- 20 g Hefe
- 1 Prise Zucker
- gut ⅛ l lauwarmes Wasser
- 1 TL Salz
- 2 EL Olivenöl

Für die Füllung

- 3 Frühlingszwiebeln
- 500 g weißer Spargel
- 2 EL Olivenöl
- 400 g frischer Spinat (oder 450 g TK-Ware)
- 1 Knoblauchzehe
- Salz, Pfeffer
- 1 Prise Muskat, frisch gerieben
- 50 g Parmesan, frisch gerieben
- 1 Eigelb
- 2 EL Sahne

Außerdem

- Mehl zum Ausrollen
- Fett oder Backpapier für das Backblech

Zubereitung: ca. 1½ Std.

Spargelragout in Weißweinsoße

Ganz leicht

- 1 Zwiebel
- 2 EL Butter
- 100 ml trockener Weißwein
- ¼ l Gemüsebrühe
- 250 g Crème fraîche
- 2 EL süßer Senf
- Salz, Pfeffer
- 1 Bund Schnittlauch
- 1,5 kg weißer Spargel

Zubereitung: ca. 45 Min.

1 Die Zwiebel schälen und fein hacken. Die Butter in einer breiten Pfanne erhitzen und die Zwiebel darin weich dünsten.

2 Mit dem Weißwein und der Gemüsebrühe aufgießen. Die Crème fraîche mit dem Senf dazugeben, mit einem Schneebesen gut durchrühren, aufkochen und offen 5 Minuten köcheln lassen. Mit Salz und Pfeffer abschmecken. Den Schnittlauch waschen und in feine Röllchen schneiden.

3 Den Spargel schälen, die Enden abschneiden und die Spargelstangen schräg in 3 cm lange Stücke schneiden. In die Soße geben und gut 10 Minuten darin ziehen lassen. Vor dem Servieren die Schnittlauchröllchen untermischen.

Paksoy mit Spargel aus dem Wok

Schnell

- 500 g weißer Spargel
- 500 g Paksoy (aus dem Asienladen)
- 1 Stück frischer Ingwer (ca. 2 cm)
- 2 Knoblauchzehen
- 100 g Sojasprossen
- 2 EL Öl
- 2 EL geröstetes Sesamöl (aus dem Asienladen)
- 5 EL Sojasoße

Zubereitung: ca. 30 Min.

1 Den Spargel schälen, die Enden abschneiden. Den Spargel in ½ cm dicke Scheiben schneiden.

2 Den Paksoy putzen, waschen und grob zerschneiden. Den Ingwer und den Knoblauch schälen und fein hacken. Die Sojasprossen mit kochendem Wasser überbrühen und gut abtropfen lassen.

3 Das Öl mit dem gerösteten Sesamöl im Wok oder in einer breiten Pfanne stark erhitzen. Knoblauch und Ingwer kurz darin andünsten. Den Paksoy mit dem Spargel und den Sojasprossen untermischen und 10 Minuten garen. Zum Schluss die Sojasoße dazugeben und alles nochmals aufkochen.

Tipp

Das Gemüse mit Reis oder als Beilage zu Hühnchen essen.

Kartoffel-Spargelgratin

1 Die Kartoffeln waschen, in einen Topf geben und knapp mit Wasser bedecken. Zugedeckt 30 Minuten garen. Den Spargel waschen, das untere Drittel schälen und die Enden abschneiden. Die Spargelstangen schräg in 1 cm lange Stücke schneiden und in kochendem Salzwasser 5 Minuten blanchieren, eiskalt abschrecken und sehr gut abtropfen lassen.

2 Inzwischen die Zwiebel schälen und fein hacken. Die Hälfte der Butter in einer Pfanne erhitzen und die Zwiebel darin weich dünsten. Den Schnittlauch waschen und in feine Röllchen schneiden. Die Kartoffeln pellen und durch die Kartoffelpresse drücken.

3 Die Eier mit dem Kräuterfrischkäse, dem Schnittlauch und den gedünsteten Zwiebeln unter die Kartoffelmasse rühren und mit Salz, Pfeffer, Paprika und Muskat kräftig würzen. Den Spargel unterheben. Den Backofen auf 180 °C (Gas Stufe 2; Umluft 160 °C) vorheizen. Eine Auflaufform mit der restlichen Butter einfetten.

4 Die Masse in die Form füllen. Im Backofen (Mitte) 45 Minuten garen.

Beilagentipp

Dazu einen gemischten Salat servieren.

Variante

Anstelle des Spargels können Sie auch Erbsen, Zuckerschoten oder Bohnen verwenden. Auch eine Mischung aus unterschiedlichen Gemüsesorten schmeckt wunderbar.

Ganz leicht

- 1 kg Kartoffeln, mehlige Sorte
- 1 kg grüner Spargel
- Salz
- 1 große Zwiebel
- 2 EL Butter
- 1 Bund Schnittlauch
- 3 Eier
- 200 g Kräuterfrischkäse
- Pfeffer
- Paprikapulver
- 1 Prise Muskat, frisch gerieben

Zubereitung: ca. 1½ Std.

Newcomer-Gerichte

Für alle, die die zarten Stangen während der kurzen Saison möglichst oft genießen und neben den unumstrittenen Klassikern auch mal Neues probieren möchten: In diesem Kapitel finden Sie Rezeptkreationen mit Pfiff, ganz einfach und verführerisch ...

Hühnerbrustfilets in Spargelsoße

Ganz leicht

- 500 g grüner Spargel
- Salz
- 1 kleine Zwiebel
- 3 EL Butter
- 200 ml trockener Weißwein
- ½ l Hühnerbrühe
- 150 g Crème fraîche
- 4 Hühnerbrustfilets
- weißer Pfeffer aus der Mühle
- 2 Zweige Estragon

Zubereitung: ca. 35 Min.

1 Den Spargel waschen, das untere Drittel schälen und die Enden abschneiden. Den Spargel schräg in 1 cm lange Stücke schneiden und in kochendem Salzwasser 3 Minuten blanchieren, eiskalt abschrecken und sehr gut abtropfen lassen.

2 Die Zwiebel schälen, fein hacken und in 1 EL Butter andünsten. Mit dem Weißwein ablöschen und die Hühnerbrühe dazugießen. Die Hälfte des Spargels untermischen und die Crème fraîche einrühren. Alles 10 Minuten köcheln lassen.

3 Die Hühnerbrustfilets in 2 EL Butter kräftig rundum anbraten, salzen, pfeffern und zugedeckt in 15 Minuten gar ziehen lassen. Den Spargel in der Soße pürieren und mit Salz und Pfeffer würzen. Den restlichen Spargel in die Soße geben.

4 Den Estragon abbrausen, abzupfen, fein hacken und untermischen. Die Soße abschmecken. Die Hühnerbrustfilets schräg zur Faser in zentimeterdicke Scheiben schneiden und auf der Soße anrichten.

Beilagentipp

Rösti oder Kartoffelpuffer dazu reichen und als Getränk einen trockenen Weißwein.

Foto Seite 60

Geflügelleber mit grünem Spargel und Estragon

1 Den Spargel waschen, den unteren Teil schälen und die Enden abschneiden. Reichlich Salzwasser aufkochen. Den Spargel darin in etwa 15 Minuten gar ziehen lassen.

2 Die Geflügelleber in die natürlichen Hälften teilen und falls nötig Sehnen und Fettstückchen entfernen. Die Leber in einer breiten Pfanne in heißem Butterschmalz 5 Minuten kräftig anbraten. Mit Salz und Pfeffer würzen. Mit dem Portwein ablöschen. Den Bratensaft aufkochen lassen und um ein Drittel reduzieren.

3 Den Estragon abbrausen, die Blättchen über der Pfanne abzupfen und unter die Geflügelleber mischen.

4 Die warme Geflügelleber samt Soße mit dem grünen Spargel auf vorgewärmten Tellern anrichten.

Beilagentipp

Neue Kartoffeln dazu reichen und als Getränk einen leichten Weißwein.

Schnell
1 kg grüner Spargel
Salz
500 g Geflügelleber
2 EL Butterschmalz
Pfeffer
200 ml Portwein
2 Zweige Estragon

Zubereitung: ca. 30 Min.

Spargel mit Kräuterschaum in Blätterteig

Extravagant

- 2 Pck. TK-Blätterteig (je 300 g)
- 800 g Spargel, weiß oder grün
- Mehl für die Arbeitsfläche
- 3 Eigelb
- Salz
- 50 g Kerbel oder glatte Petersilie
- Zitronensaft
- Pfeffer
- 1 Msp. Cayennepfeffer

Zubereitung: ca. 1 Std.

1 Den Blätterteig auftauen lassen. Den Spargel schälen, in ein feuchtes Tuch wickeln und beiseite legen. Den Backofen auf 180 °C (Gas Stufe 2; Umluft 160 °C) vorheizen. Die Blätterteigplatten auf einer leicht bemehlten Arbeitsfläche auslegen. Den Teig mehrmals zusammenfalten und wieder ausrollen, damit er schön blättrig aufgeht. Dann zu einem Rechteck von 20 x 30 cm ausrollen. In vier gleich große Rechtecke schneiden und auf ein mit kaltem Wasser abgespültes Backblech legen.

2 Ein Eigelb mit 2 EL Wasser verquirlen und die Teigrechtecke damit gleichmäßig bestreichen. Das Backblech in den heißen Ofen schieben und die Teigrechtecke in ca. 15 Minuten goldbraun backen.

3 Inzwischen den Spargel in kochendem Salzwasser in ca. 20 Minuten gar ziehen lassen. Für den Kräuterschaum den Kerbel abbrausen, die Blättchen abzupfen und sehr fein hacken. Von dem Spargelkochwasser 4 EL abnehmen und in einen kleinen Topf füllen.

4 Die restlichen Eigelbe dazugeben und in einem Wasserbad erhitzen. Dabei mit dem Schneebesen ständig schlagen, bis die Soße schaumig und dicklich wird. Dann nach und nach etwa ⅛ l Spargelbrühe zufügen. Jeweils nur wenig, bis die Flüssigkeit völlig von der Eimasse aufgenommen ist. Nicht kochen, sonst gerinnt die Masse.

5 Den Kerbel unterziehen, mit Salz, Zitronensaft, Pfeffer und Cayennepfeffer würzen. Die Blätterteigpastetchen aus dem Ofen nehmen, einmal in der Mitte quer durchschneiden. Die untere Hälfte jeweils auf einen Teller setzen. Den Spargel aus dem Sud heben, abtropfen lassen, dann auf die Teigunterhälften verteilen und mit etwas Kräuterschaum begießen. Die oberen Hälften der Blätterteigpastetchen darauf setzen. Die restliche Soße getrennt dazu reichen.

Getränketipp

Dazu einen trockenen Weißwein kredenzen.

Gratinierter Fisch auf Spargel

Ganz leicht

4 Kabeljaufilets (je ca. 200 g)
5 EL Zitronensaft
Salz, Pfeffer
800 g weißer Spargel
2 Schalotten
2 EL Butter
200 g Sahne
1 Bund Dill
100 g Parmesan, frisch gerieben

Zubereitung: ca. 40 Min.

1 Die Kabeljaufilets kalt abspülen, trockentupfen und auf eine Platte legen. Beidseitig mit 4 EL Zitronensaft beträufeln, salzen und pfeffern. Den Backofen auf 180 °C (Gas Stufe 2; Umluft 160 °C) vorheizen.

2 Den Spargel schälen und schräg in ca. 1 cm dicke Scheiben schneiden. Die Schalotten schälen, fein hacken und in der Hälfte der Butter in einer Kasserolle weich dünsten. Den Spargel dazugeben und kurz andünsten.

3 Die Sahne dazugießen und 10 Minuten garen. Den Dill waschen, abzupfen und bis auf einige schöne Zweiglein fein hacken. Den gehackten Dill unter den Spargel mischen.

4 Den Spargel mit Salz, Pfeffer und dem restlichen Zitronensaft abschmecken.

5 Eine Gratinform mit der restlichen Butter einfetten. Den Fisch hineinlegen, das Spargelragout darauf verteilen, mit dem geriebenen Käse bestreuen und im heißen Backofen (Mitte) in etwa 15 Minuten gratinieren. Auf vorgewärmten Tellern anrichten und mit dem restlichen Dill garnieren.

Beilagentipp

Kleine, im Ganzen gebratene Kartoffeln schmecken sehr gut dazu. Als Getränk einen leichten frischen Weißwein kredenzen.

Varianten

Anstelle des etwas teureren weißen Spargels können Sie auch grünen Spargel oder eine Mischung aus beidem verwenden.
Den Parmesan können Sie mit in Scheiben geschnittenem Mozzarella (2 Kugeln) ersetzen.

Spargelragout mit Fischklößchen

1 Den Spargel schälen und die Enden abschneiden. Den Spargel in ca. 2 cm lange Stücke schneiden und in kochendem Salzwasser ca. 10 Minuten garen. Herausnehmen, abtropfen und abkühlen lassen.

2 Inzwischen den Fisch zweimal durch den Fleischwolf drehen oder in der Küchenmaschine fein zerkleinern. Das Püree mit Ei, Eigelb, Semmelbröseln und Crème fraîche gründlich mischen. Mit Salz, Pfeffer und Cayennepfeffer würzen.

3 Den Dill abbrausen, fein hacken und die Hälfte unter die Masse heben. Den Rest beiseite stellen. Mit einem Teelöffel Klößchen abstechen, in siedendes Wasser gleiten lassen und bei milder Hitze in 8 Minuten gar ziehen lassen. Herausnehmen und beiseite stellen.

4 Für die Soße die Butter in einem Topf aufschäumen lassen, das Mehl unterrühren und goldgelb werden lassen. Sahne und Brühe mit dem Schneebesen einrühren. Die Soße dicklich einkochen lassen. Mit Salz, Pfeffer, Worcestershiresauce und Zitronensaft abschmecken. Den Spargel und die Fischklößchen kurz in der Soße erwärmen. Vor dem Servieren mit dem restlichen Dill bestreuen.

Beilagentipp

Dazu Butterreis reichen.

Variante

Für ein vegetarisches Gericht bereiten Sie anstelle der Fischklößchen Grießklößchen mit Kräutern zu.

Extravagant

- 1 kg weißer Spargel
- Salz
- 2 Kabeljaufilets (je ca. 200 g)
- 1 Ei
- 1 Eigelb
- 2 EL Semmelbrösel
- 2 EL Crème fraîche
- Pfeffer
- 1 Msp. Cayennepfeffer
- 2 Bund Dill
- 2 EL Butter
- 2 TL Mehl
- 125 g Sahne
- 375 ml Hühnerbrühe
- 1 Spritzer Worcestershiresauce
- 1 EL Zitronensaft

Zubereitung: ca. 1 Std.

Schollenröllchen auf Spargel-Zucchinigemüse

Etwas aufwendiger

- 8 Schollenfilets
- Zitronensaft
- Salz
- weißer Pfeffer aus der Mühle
- 1 kleine Zwiebel
- 2 EL Butter
- 500 g weißer Spargel
- 250 g Zucchini
- 50 g Kerbel
- 150 g Crème fraîche

Zubereitung: ca. 50 Min.

1 Die Schollenfilets kalt abspülen, trockentupfen, mit Zitronensaft beträufeln, salzen, pfeffern und kalt stellen. Die Zwiebel schälen, fein hacken und in heißer Butter andünsten.

2 Den Spargel schälen, die Enden abschneiden und die Spargelstangen schräg in zentimeterdicke Scheiben schneiden. Die Zucchini waschen, vom Stielansatz befreien und in kleine Würfel schneiden. Mit dem Spargel in die Pfanne geben und das Gemüse 10 Minuten dünsten.

3 Den Kerbel waschen, entstielen und fein hacken. Die Crème fraîche unter das Gemüse rühren, mit Salz, Pfeffer und Zitronensaft abschmecken und weitere 5 Minuten garen.

4 Inzwischen die Schollenfilets mit dem Kerbel bestreuen. Jedes Filet aufrollen und mit einem Zahnstocher zustecken. Die Schollenröllchen nebeneinander auf das Gemüse setzen und zugedeckt bei mittlerer Hitze ca. 10 Minuten garen.

Red Snapper mit Spargel

Ganz leicht

- 500 g weißer Spargel
- 5 Frühlingszwiebeln
- 4 Red Snapper-Filets (je ca. 180 g)
- Zitronensaft
- Salz, Pfeffer
- 5 EL Butter

Zubereitung ca. 40 Min.

1 Den Spargel schälen und die Enden abschneiden. Den Spargel in ca. 2 cm lange Stücke schneiden und blanchieren. In einem Sieb gut abtropfen lassen. Den Backofen auf 180 °C (Gas Stufe 2; Umluft 160 °C) vorheizen.

2 Frühlingszwiebeln putzen, waschen und in 1 cm lange Stücke schneiden. Den Fisch kalt abspülen, trockentupfen, beidseitig mit Zitronensaft beträufeln, salzen und pfeffern. 4 Stück Alufolie (glänzende Seite nach innen) mit je 1 TL Butter einpinseln.

3 Die Spargelstücke mit den Frühlingszwiebeln mischen. Mit Salz und Pfeffer würzen und anteilig auf der Folie verteilen. Den Red Snapper darauf legen und die restliche Butter als Flöckchen darauf geben.

4 Den Fisch locker in die Alufolie packen, die Nahtstellen gut zufalten. Die Päckchen auf ein Backblech setzen und für 20 Minuten in den Ofen (Mitte) schieben. Den Red Snapper mit dem Gemüse auf vorgewärmten Tellern anrichten.

Schollenröllchen auf Spargel-Zucchinigemüse

Grüner Spargel in der Folie mit Morchel-Kartoffelsoße

Extravagant
1,5 kg grüner Spargel
2 EL frischer Thymian
6 EL Butter
4 EL trockener Sherry
Salz
Zucker
1 kg Kartoffeln, mehlig kochende Sorte
25 g getrocknete Morcheln
250 g Sahne
¼ l Gemüsebrühe
1 EL helle Sojasoße
1 EL Weißweinessig
Pfeffer
2 Bund Frühlingszwiebeln

Zubereitung: ca. 45 Min.

1 Den Backofen auf 180 °C (Gas Stufe 2; Umluft 160 °C) vorheizen. Den Spargel schälen und die Enden abschneiden. Je 500 g Spargel auf ein großes Stück Alufolie legen. Jeweils 1 EL Thymian, 2 EL Butter, 2 EL Sherry, Salz und 1 Prise Zucker darauf verteilen. Die Folie fest zu Päckchen verschließen. Im heißen Backofen (Mitte) 25 bis 30 Minuten garen.

2 Inzwischen die Kartoffeln schälen und grob würfeln. In wenig leicht gesalzenem Wasser garen. Abgießen und durch die Kartoffelpresse drücken. Die Morcheln in lauwarmem Wasser 15 Minuten einweichen. In ein Sieb abgießen, abtropfen lassen und in feine Scheiben schneiden.

3 Die Morcheln mit der Sahne in einen Topf geben und bei milder Hitze 10 Minuten köcheln. Die durchgepressten Kartoffeln dazugeben. Die Gemüsebrühe angießen und alles mit einem Schneebesen glatt rühren. Mit Sojasoße, Weißweinessig, Salz und Pfeffer abschmecken.

4 Die Frühlingszwiebeln putzen, waschen und in feine Ringe schneiden. In der restlichen Butter unter Rühren 5 Minuten dünsten. Den Spargel aus der Folie nehmen, mit der Kartoffelsoße und den gebratenen Frühlingszwiebeln anrichten.

Varianten

Anstelle der getrockneten Morcheln können Sie auch getrocknete Steinpilze nehmen. Preiswerter sind natürlich frische Champignons. Dann einfach 150 g davon in feine Scheiben schneiden und in Butter andünsten, unter die Soße mischen.

Quiche mit grünem Spargel und Räucherlachs

1 Das Mehl in eine Schüssel sieben. Die Butter in Würfel schneiden und mit dem Ei und wenig Salz dazugeben. Mit den Knethaken des Handrührers alles zu einem geschmeidigen Teig verkneten und zugedeckt 30 Minuten im Kühlschrank ruhen lassen.

2 Den Spargel waschen, das untere Drittel schälen und die Enden abschneiden. Den Spargel schräg in 1 cm lange Stücke schneiden und in kochendem Salzwasser 2 Minuten blanchieren, eiskalt abschrecken und sehr gut abtropfen lassen.

3 Die Frühlingszwiebeln putzen, waschen und in schmale Ringe schneiden. In einer breiten Pfanne in heißer Butter 3 Minuten dünsten. Mit Salz und Pfeffer würzen und abkühlen lassen.

4 Den Backofen auf 200 °C (Gas Stufe 3; Umluft 180 °C) vorheizen. Den Räucherlachs in schmale Streifen schneiden und mit den Frühlingszwiebeln und dem Spargel in einer Schüssel mischen. Dann die Crème fraîche und die Eier verrühren und mit Salz, Pfeffer und Cayennepfeffer würzen.

5 Eine Form (ca. 26 cm Durchmesser) einfetten. Den Teig auf einer bemehlten Arbeitsfläche ausrollen, in die Form legen und einen ca. 3 cm hohen Rand bilden. Die Lachs-Spargel-Füllung gleichmäßig darauf verteilen. Mit der Crème-fraîche-Eiermischung übergießen und im heißen Backofen (Mitte) 30 Minuten backen.

Tipp

Diese Quiche schmeckt frisch aus dem Backofen, aber auch lauwarm oder kalt mit einer Kräutersoße.

Etwas aufwendiger

Für den Teig

200 g Mehl
100 g kalte Butter
1 Ei
Salz

Für den Belag

1 kg grüner Spargel
Salz
1 Bund Frühlingszwiebeln
2 EL Butter
Pfeffer
200 g Räucherlachs in Scheiben
250 g Crème fraîche
2 Eier
1 Msp. Cayennepfeffer

Außerdem

Fett für die Form
Mehl für die Arbeitsfläche

Zubereitung: ca. 1 Std.

Spargelflan auf Orangensabayon

Extravagant
500 g grüner Spargel
Salz
2 EL Butter
5 EL Gemüsebrühe
1 Ei, 2 Eigelb
4 EL Crème fraîche
Pfeffer, Cayennepfeffer
1 Bund Schnittlauch
Für die Sabayon
3 Eigelb
300 ml Orangensaft
Salz, Pfeffer
1 Prise Muskat

Zubereitung: ca. 50 Min.

1 Den Spargel waschen, das untere Drittel schälen und die Enden abschneiden. Ein Drittel in sehr kleine Würfel schneiden und in kochendem Salzwasser kurz blanchieren. Dann abschrecken und abtropfen lassen.

2 Den restlichen Spargel in Scheiben hobeln und in Butter andünsten. Die Brühe dazugeben und in ca. 10 Minuten weich dünsten. Anschließend pürieren und abkühlen lassen. Das Ei und die Eigelbe mit der Crème fraîche verquirlen und unter das Püree mischen. Mit Salz, Pfeffer und Cayennepfeffer würzen.

3 Den Schnittlauch abbrausen, klein schneiden und mit den blanchierten Spargelwürfeln unter das Püree mischen. Vier Förmchen einfetten und mit der Masse füllen. Die Förmchen in ein heißes Wasserbad stellen. Zugedeckt bei mittlerer Hitze in ca. 30 Minuten stocken lassen.

4 Für die Sabayon die Eigelbe schaumig schlagen. Im Wasserbad den Orangensaft langsam zum Eigelb fließen lassen, dabei ständig weiterschlagen, bis eine dicke Soße entstanden ist. Mit Salz, Pfeffer und Muskat würzen.
Die Flans vorsichtig aus der Form lösen, auf Teller stürzen und mit der Sabayon umgießen.

Kalbsmedaillons auf Spargel

Schnell
500 g weißer Spargel
500 g grüner Spargel
Salz
4 EL Weißweinessig
6 EL Traubenkernöl
1 Msp. Dijonsenf
Pfeffer
8 Kalbsmedaillons
1 EL Butter, 1 EL Öl

Zubereitung: ca. 25 Min.

1 Den Spargel schälen und die Enden abschneiden. Den Spargel in ca. 3 cm lange Stücke schneiden und in kochendem Salzwasser ca. 3 Minuten blanchieren, dann gut abtropfen lassen.

2 Aus Weißweinessig, Traubenkernöl, Dijonsenf, Salz und Pfeffer eine Marinade rühren und den lauwarmen Spargel darin marinieren.

3 Die Kalbsmedaillons in einer Mischung aus Butter und Öl auf jeder Seite etwa 3 Minuten braten. Mit Salz und Pfeffer würzen und auf dem lauwarmen Spargelsalat anrichten.

Spargelflan auf Orangensabayon

Spargel-Tomatengemüse mit Schweinefilet

Ganz leicht

- 1 ganzes Schweinefilet (ca. 700 g)
- 1 EL Butter
- 1 EL Öl
- Salz, Pfeffer
- 1 Msp. Cayennepfeffer
- 3 Schalotten
- 3 Fleischtomaten (ca. 500 g)
- 1 Lorbeerblatt
- 500 g grüner Spargel
- 1 Bund glatte Petersilie

Zubereitung: ca. 45 Min.

1 Das Schweinefilet in einem Bräter in der heißen Butter-Öl-Mischung rundum kräftig anbraten. Mit Salz, Pfeffer und Cayennepfeffer würzen. Die Schalotten schälen, fein hacken und rund um das Schweinefilet streuen.

2 Die Tomaten überbrühen, häuten und entkernen, dabei die Stielansätze entfernen. Das Fruchtfleisch grob zerschneiden und in den Bräter geben. Das Lorbeerblatt zufügen und alles bei mittlerer Hitze 20 Minuten zugedeckt schmoren.

3 Inzwischen den Spargel waschen, das untere Drittel schälen und die Enden abschneiden. Den Spargel in 2 cm lange Stücke schneiden, unter die Tomaten mischen und mit Salz und Pfeffer würzen. Alles zusammen weitere 15 Minuten bei milder Hitze garen.

4 Die Petersilie abbrausen, fein hacken, unter die Tomaten-Spargelmischung geben, nochmals abschmecken. Das Schweinefilet herausnehmen, in Scheiben schneiden und mit dem Gemüse anrichten.

Beilagentipp

Dazu passen Salzkartoffeln.

Geschnetzeltes mit Spargel

Schnell

- 500 g grüner Spargel
- 2 Knoblauchzehen
- 4 Filetsteaks (je ca. 200 g)
- 3 EL Öl
- Salz, Pfeffer
- 400 ml Rinderfond
- 200 g Sahne
- 1 TL Zitronensaft

Zubereitung: ca. 30 Min.

1 Den Spargel waschen, das untere Drittel schälen, die Enden abschneiden. Den Spargel schräg in ca. 1 cm breite Scheiben schneiden. Den Knoblauch schälen und fein hacken.

2 Das Fleisch in schmale Streifen schneiden. In heißem Öl portionsweise kräftig anbraten. Herausnehmen und warm stellen. Spargel und Knoblauch im verbliebenen Fett 5 Minuten dünsten.

3 Mit dem Rinderfond und der Sahne aufgießen, aufkochen und 5 Minuten offen köcheln lassen. Das Fleisch samt Bratensaft in die Soße geben und alles weitere 10 Minuten garen. Das Geschnetzelte mit Salz, Pfeffer und Zitronensaft abschmecken.

Spargel-Tomatengemüse mit Schweinefilet

Rezepte aus aller Welt

Wie wird Spargel in anderen Ländern zubereitet? Neugierig? Dann lassen Sie sich doch von den hier versammelten internationalen Köstlichkeiten überraschen. Einfach probieren und genießen ...

Spargel mit Schweinefilet aus dem Wok

Aus China

500 g grüner Spargel
2 rote Paprikaschoten (ca. 300 g)
3 Frühlingszwiebeln
500 g Schweinefilet
Salz, Pfeffer
2 EL Speisestärke
2 Knoblauchzehen
4 EL Öl
50 g Cashewnüsse
3 EL Sojasoße
⅛ l Fleischbrühe
1 Prise Zucker

Zubereitung: ca. 40 Min.

1 Den Spargel waschen, das untere Drittel schälen und die Enden abschneiden. Den Spargel schräg in ½ cm dicke Scheiben schneiden. Die Paprikaschoten putzen, waschen und in kleine Würfel schneiden. Die Frühlingszwiebeln putzen, waschen und in feine Ringe schneiden.

2 Das Fleisch kalt abspülen, trockentupfen und in 1,5 cm breite Streifen schneiden. Die Fleischstreifen salzen und pfeffern. Die Speisestärke darüber stäuben und gut einmassieren. Den Knoblauch schälen und fein hacken.

3 Das Öl in einem Wok oder einer breiten Pfanne stark erhitzen. Das Fleisch darin portionsweise rundum 3 Minuten anbraten, herausnehmen und zugedeckt beiseite stellen.

4 Die Zwiebel, den Spargel, die Paprikawürfel und die Cashewnüsse im verbliebenen Fett 1 Minute braten. Die Sojasoße und die Fleischbrühe dazugießen, aufkochen und 5 Minuten köcheln lassen. Das Fleisch unter das Gemüse mischen und alles weitere 5 Minuten erhitzen. Mit Salz, Pfeffer und Zucker abschmecken.

Beilagentipp

Dazu Reis oder auch Glasnudeln reichen.

Variante

Statt Schweinefleisch können Sie auch kalorienärmeres Puten- oder Hühnerfleisch verwenden.

Foto Seite 76

Spargeltortilla

1 Den Spargel waschen, das untere Drittel schälen und den Spargel in dünne Scheiben schneiden. In einer Pfanne in 1 EL Olivenöl 5 Minuten dünsten. Den Knoblauch schälen und dazupressen. Mit Salz und Pfeffer würzen.

2 Die Petersilie waschen, abzupfen und fein hacken. Die Eier mit der Crème fraîche verquirlen und mit Salz, Pfeffer und Muskat würzen. Die Petersilie und die Spargelscheiben dazugeben.

3 In einer großen, beschichteten Pfanne das restliche Olivenöl erhitzen und die Ei-Spargel-Masse hineingießen. Bei milder Hitze stocken lassen, dann auf einen Teller gleiten lassen. Umgedreht wieder in die Pfanne geben und auf der zweiten Seite fertig garen. In Tortenstücke schneiden und warm oder kalt genießen.

Tipp

Die Spargeltortilla lässt sich gut vorbereiten.

Aus Spanien

- 500 g grüner Spargel
- 4 EL Olivenöl
- 2 Knoblauchzehen
- Salz, Pfeffer
- 1 Bund Petersilie
- 6 Eier
- 3 EL Crème fraîche
- 1 Prise Muskat, frisch gerieben

Zubereitung: ca. 30 Min.

Spargel mit frittiertem Fisch

1 Den Spargel waschen, das untere Drittel schälen, die Enden abschneiden. Den Fisch kalt abspülen, trockentupfen und in mundgerechte Stücke schneiden. Mit Salz und Pfeffer würzen und kalt stellen.

2 100 g Mehl mit je 1 Prise Salz und Pfeffer mischen. Öl und Bier mit dem Handrührgerät untermischen, bis ein glatter Teig entstanden ist. Das Eiweiß steif schlagen und unter den Teig heben. Die Butter erhitzen und den Spargel darin etwa 15 Minuten braten. Mit Salz und Pfeffer würzen.

3 Das Frittieröl in einem hohen Topf oder der Fritteuse erhitzen. Die Fischstücke in dem restlichen Mehl wenden, durch den Teig ziehen, abtropfen lassen und in dem heißen Öl goldgelb frittieren. Herausnehmen, auf Küchenpapier abtropfen lassen und leicht salzen. Mit dem gebratenen Spargel servieren.

Aus Holland

- 1 kg grüner Spargel
- 750 g Kabeljaufilets
- Salz, Pfeffer
- 150 g Mehl
- 3 EL Öl
- 150 ml Bier
- 1 Eiweiß
- 4 EL Butter
- 1–1,5 l Öl zum Frittieren

Zubereitung: ca. 45 Min.

Pizza mit grünem Spargel und Sahnegorgonzola

Aus Italien

Für 1 Backblech oder 2 runde Pizza-Formen

Für den Teig

- 125 g Magerquark
- 1 TL Salz
- 3 EL Olivenöl
- 1 großes Ei
- 250 g Mehl

Für den Belag

- 750 g grüner Spargel
- Salz
- 2 Becher Crème fraîche (je 150 g)
- 2 Eier
- schwarzer Pfeffer aus der Mühle
- 200 g Sahnegorgonzola

Außerdem

- Fett für das Backblech
- Mehl für die Arbeitsfläche

Zubereitung: ca. 50 Min.

1 Den Magerquark in eine Schüssel geben, das Salz, das Olivenöl und das Ei zufügen und mit den Knethaken des Handrührers durcharbeiten. Das Mehl darüber sieben und am besten mit den Händen unterkneten, bis ein geschmeidiger Teig entstanden ist. Zugedeckt etwa 15 Minuten ruhen lassen.

2 Inzwischen den Spargel waschen, das untere Drittel schälen und die Enden abschneiden. Die Spargelstangen 3 Minuten in kochendem Salzwasser blanchieren, eiskalt abschrecken und in einem Sieb gut abtropfen lassen. Den Backofen auf 200 °C (Gas Stufe 3; Umluft 180 °C) vorheizen.

3 Die Crème fraîche mit den Eiern verrühren, mit Salz und Pfeffer kräftig würzen. Das Backblech fetten. Den Teig auf einer bemehlten Arbeitsfläche dünn ausrollen, auf das Backblech legen und einen Rand formen.

4 Die Crème fraîche auf den Teig streichen, den Spargel gleichmäßig darauf verteilen, salzen und pfeffern. Den Sahnegorgonzola klein würfeln und darüber streuen. Im vorgeheizten Backofen (untere Schiene) 20 Minuten backen.

Varianten

Ergänzend passt in feine Streifen geschnittener gekochter Schinken dazu.
Anstelle des Spargels können Sie auch Zuckerschoten, Tomaten und Salami auf die Pizza legen.

Farfalle mit Zucchini und Spargel

Aus Italien

- 500 g weißer Spargel
- 250 g kleine Zucchini
- 1 große Fleischtomate
- 1 kleine Zwiebel
- 2 Knoblauchzehen
- 4 EL Olivenöl
- Salz, Pfeffer
- 2 TL frischer Thymian
- 250 g Farfalle
- 100 g Parmesan, frisch gerieben

Zubereitung: ca. 40 Min.

1 Den Spargel schälen und die Enden abschneiden. Die Spargelstangen schräg in etwa 1 cm breite Stücke schneiden. Die Zucchini waschen und in kleine Würfel schneiden.

2 Die Fleischtomate überbrühen, häuten, entkernen und ebenfalls klein würfeln. Die Zwiebel und den Knoblauch schälen, fein hacken und in einer breiten Pfanne in Olivenöl glasig dünsten.

3 Zucchini und Spargel dazugeben und 5 Minuten dünsten. Die Tomate untermischen, mit Salz, Pfeffer und Thymian würzen und alles weitere 10 Minuten garen.

4 Inzwischen die Farfalle in kochendem Salzwasser in etwa 10 Minuten bissfest garen.
Die Farfalle abgießen, mit dem Gemüse und dem Parmesan in einer großen Schüssel mischen und sofort servieren.

Beilagentipp

Dazu einen gemischten Salat servieren.

Varianten

Selbstverständlich können Sie auch jede andere Nudelsorte verwenden.
Nicht-Vegetarier können 100 g gekochten Schinken, in kleine Würfel geschnitten, zugeben. Probieren Sie auch einmal Putenfleisch dazu. Dieses dann klein würfeln und mit den Zwiebeln anbraten.

Kräuterravioli auf Käsekrem mit Spargel

1 Den Taleggio von der Rinde befreien, in Würfel schneiden und mit der kalten Milch in eine Pfanne geben. Den Majoran waschen, abzupfen und die Blättchen in die Milch geben. Den Spargel schälen und die Stangen ohne die Spitzen in dünne Scheiben schneiden.

2 Den Knoblauch schälen und klein schneiden. In einer Pfanne in heißem Olivenöl anbraten, dann den Spargel zufügen und 5 Minuten mitgaren. Salzen, den Knoblauch herausnehmen und den Spargel warm stellen.

3 Die Ravioli in reichlich Salzwasser nach Packungsaufschrift garen. Inzwischen die Milch mit dem Käse erwärmen, dabei ständig mit einem Holzlöffel rühren, bis eine gleichmäßige Krem entstanden ist. Die Ravioli abgießen und mit dem Spargel unter die Krem mischen. Mit gerösteten Pinienkernen bestreut servieren.

Aus Italien

- 150 g Taleggio (halbfester würziger Schnittkäse aus Kuh-Vollmilch)
- 100 ml Milch
- 1 Zweig frischer Majoran
- 500 g weißer Spargel
- 1 Knoblauchzehe
- 1 TL Olivenöl, Salz
- 250 g Ravioli mit Kräutern
- 2 EL geröstete Pinienkerne

Zubereitung: ca. 45 Min.

Putencurry mit grünem Spargel

1 Die Zwiebel und den Knoblauch schälen und fein hacken. Das Fleisch in Würfel schneiden und in heißem Butterschmalz portionsweise kräftig anbraten und aus dem Topf nehmen.

2 Die Zwiebel im verbliebenen Bratfett andünsten. Das Putenfleisch wieder in den Topf geben, mit Curry, Salz, Pfeffer und Zucker würzen. Die Tomaten untermischen, mit der Geflügelbrühe aufgießen, aufkochen und die Crème fraîche unterrühren. Zugedeckt bei milder Hitze etwa 30 Minuten köcheln.

3 Die Paprikaschote putzen, waschen und in kleine Würfel schneiden. Den Spargel waschen, das untere Drittel schälen und die Enden abschneiden. Den Spargel schräg in etwa 2 cm lange Stücke schneiden. In kochendem Salzwasser 3 Minuten blanchieren, eiskalt abschrecken und sehr gut abtropfen lassen.

4 Den Spargel zusammen mit den Paprikawürfeln unter das Ragout mischen. Alles zusammen weitere 5 Minuten garen und nochmals abschmecken.

Aus Indien

- 1 große Zwiebel
- 2 Knoblauchzehen
- 800 g Putenbrust
- 2 EL Butterschmalz
- 1 EL Curry
- Salz, Pfeffer
- 1 Prise Zucker
- 1 kleine Dose Tomaten
- ¼ l Geflügelbrühe
- 150 g Crème fraîche
- 1 große rote Paprikaschote
- 500 g grüner Spargel

Zubereitung: ca. 35 Min.

Risotto mit Spargel und Erbsen

Aus Italien

- 1 kleine Zwiebel
- 2 Knoblauchzehen
- 6 EL Butter
- 250 g Risottoreis
- ½ l Gemüsebrühe
- 200 ml trockener Weißwein
- 500 g grüner Spargel
- 250 g Erbsen
- Salz, Pfeffer, Muskat
- 100 g Parmesan

Zubereitung: ca. 45 Min.

1 Die Zwiebel und den Knoblauch schälen und fein hacken. Die Hälfte der Butter in einem breiten Topf erhitzen. Den Knoblauch und die Zwiebel darin glasig dünsten. Den Reis einstreuen und umrühren, bis alle Körnchen von Fett umgeben sind.

2 Die Gemüsebrühe aufkochen. Den Weißwein zum Reis gießen und aufkochen. Die Gemüsebrühe nach und nach dazugießen. Unter häufigem Rühren etwa 25 Minuten köcheln lassen.

3 Inzwischen den Spargel schälen und in etwa ½ cm lange Stücke schneiden. Die Erbsen aus der Schale lösen. Mit dem Spargel in kochendem Salzwasser 3 Minuten blanchieren, eiskalt abschrecken und gut abtropfen lassen. Das Risotto mit Salz, Pfeffer und Muskat würzen. Die restliche Butter mit geriebenem Parmesan unterrühren. Das Gemüse unterheben und nochmals 5 Minuten ziehen lassen.

Spargelragout mit Jakobsmuscheln

Aus Spanien

- 1 kg weißer Spargel
- 400 g ausgelöste Jakobsmuscheln
- Zitronensaft
- Pfeffer, Salz
- 200 ml trockener Weißwein
- 300 g Crème double
- 1 Döschen Safran, gemahlen

Zubereitung: ca. 45 Min.

1 Den Spargel schälen und die Enden abschneiden. Die Jakobsmuscheln kalt abspülen und trockentupfen. Große Muscheln einmal längs durchschneiden. Die Jakobsmuscheln mit 2 EL Zitronensaft beträufeln und pfeffern.

2 Die Spargelstangen in etwa 3 cm lange Stücke schneiden, die Köpfe zur Seite legen. Die Spargelstücke in Salzwasser bei mittlerer Hitze knapp 10 Minuten kochen. Nach 5 Minuten die Spargelköpfe zufügen.

3 Den Spargel aus der Brühe nehmen und warm stellen. Die Spargelbrühe mit Weißwein, Crème double und Safran aufkochen und 5 Minuten offen köcheln lassen. Mit Salz und Pfeffer abschmecken.

4 Die Jakobsmuscheln und den Spargel in der Soße erwärmen. Nochmals mit Salz und Pfeffer abschmecken und sofort servieren.

Risotto mit Spargel und Erbsen

Spargelragout mit Lammstreifen

Aus Frankreich

- 1 kg weißer Spargel
- Salz
- 1 Prise Zucker
- 750 g Lammfilets
- 2 Schalotten
- 2 EL Butter
- 1 EL Öl
- 1 kleine Knoblauchzehe
- 200 g Crème fraîche
- 1 kleiner Zweig Rosmarin
- Pfeffer
- Zitronensaft
- 1 Bund Petersilie

Zubereitung: ca. 45 Min.

1 Den Spargel schälen und die Enden abschneiden. Den Spargel in etwa 3 cm lange Stücke schneiden und die Spitzen beiseite legen. Reichlich Salzwasser mit einer Prise Zucker aufkochen und den Spargel darin etwa 5 Minuten garen. Nach 3 Minuten die Spargelspitzen dazugeben. Den Spargel mit einem Schaumlöffel herausnehmen und gut abtropfen lassen.

2 Das Lammfleisch in schmale Streifen schneiden. Die Schalotten schälen und fein hacken. In einer Mischung aus Butter und Öl das Fleisch portionsweise 5 Minuten kräftig anbraten und herausnehmen.

3 Die Schalotten im verbliebenen Bratfett glasig dünsten. Den Knoblauch schälen und dazupressen. Von dem Spargelfond 400 ml abmessen und in den Topf gießen. Die Crème fraîche untermischen. Den Rosmarinzweig dazugeben und alles 5 Minuten offen köcheln lassen.

4 Die Soße mit Salz, Pfeffer und Zitronensaft kräftig abschmecken. Das Fleisch und den Spargel wieder in den Topf geben und 10 Minuten bei milder Hitze garen. Inzwischen die Petersilie waschen und fein hacken. Zum Schluss unter das Ragout mischen und abschmecken.

Beilagentipp

Dazu passt Baguette oder Wildreis. Als Getränk einen kräftigen Weißwein kredenzen.

Tipps

Dieses Ragout können Sie gut einfrieren.
Wenn Sie es als Vorspeise servieren möchten, füllen Sie es in Blätterteigpastetchen (Fertigprodukt). Die Menge reicht dann für 8 Personen.

Hühnerbrustpfanne mit Spargel und Pilzen

1 Die Hühnerbrustfilets in schmale Scheiben schneiden. Den Spargel waschen, das untere Drittel schälen und die Enden abschneiden. Den Spargel in 1 cm lange Stücke schneiden.

2 Die Schlaotten und den Knoblauch schälen und fein hacken. Die Champignons putzen, abbrausen und vierteln. Die Kräuter abbrausen, abzupfen und ebenfalls sehr fein hacken. In einer breiten Pfanne in heißem Olivenöl die Hühnerbruststreifen portionsweise kräftig anbraten. Mit Salz und Pfeffer würzen, herausnehmen und beiseite stellen.

3 Im verbliebenen Bratfett die Schalotten mit dem Knoblauch andünsten. Dann den Spargel mit den Champignons dazugeben und alles 20 Minuten dünsten. Die Hühnerbruststreifen untermischen. Alles mit Salz und Pfeffer würzen und zum Schluss die Kräuter untermischen.

Aus Kalifornien

- 4 Hühnerbrustfilets (je ca. 110 g)
- 1 kg grüner Spargel
- 2 Schalotten
- 1 Knoblauchzehe
- 150 g Champignons
- 1 Hand voll frische Kräuter (z.B. Basilikum, Kerbel, junge Minze)
- 4 EL Olivenöl
- Salz, Pfeffer

Zubereitung: ca. 40 Min.

Spargel-Fischragout

1 Den Fisch kalt abspülen, trockentupfen und auf eine Platte legen. Zitronensaft mit Sesamöl, Salz und Pfeffer verrühren. Den Knoblauch schälen und dazupressen. Die Mischung auf den Fisch träufeln und diesen zugedeckt im Kühlschrank ziehen lassen.

2 Die Frühlingszwiebeln putzen und waschen, den weißen Teil fein hacken, den grünen Teil in schmale Ringe schneiden. Den Spargel waschen, das untere Drittel schälen, die Enden abschneiden. Den Spargel schräg in 1 cm breite Scheiben schneiden.

3 Die Hälfte der Butter in einer Pfanne schmelzen und die Frühlingszwiebeln darin kurz andünsten. Mit dem Weißwein ablöschen, aufkochen, die Crème fraîche unterrühren und 2 Minuten offen köcheln lassen. Den Spargel zufügen, mit Salz und Pfeffer würzen und 10 Minuten garen.

4 Inzwischen die Fischfilets in Mehl wenden. In der restlichen Butter auf jeder Seite 3 bis 4 Minuten braten, mit Salz und Pfeffer würzen. Dann zusammen mit dem Spargelragout auf vorgewärmten Tellern anrichten.

Aus Frankreich

- 4 Kabeljaufilets (je ca. 200 g)
- Saft von ½ Zitrone
- 4 EL geröstetes Sesamöl
- Salz, Pfeffer
- 1 Knoblauchzehe
- 4 Frühlingszwiebeln
- 1 kg grüner Spargel
- 4 EL Butter
- ⅛ l trockener Weißwein
- 250 g Crème fraîche
- 50 g Mehl

Zubereitung: ca. 40 Min.

Spagetti in Spargel-Lachssahne

Aus Kalifornien

- 400 g frischer Lachs am Stück
- 3 EL Zitronensaft
- Salz, weißer Pfeffer
- 500 g grüner Spargel
- 1 mittelgroße Zwiebel
- 2 EL Butter
- 2 Knoblauchzehen
- ⅛ l Weißwein
- 250 g Sahne
- 400 g Spagetti

Zubereitung: ca. 40 Min.

1 Den Lachs falls nötig von der Haut sowie der dicken Mittelgräte befreien und in Würfel von etwa 1 cm Kantenlänge schneiden. Die Lachswürfel auf eine Platte legen, mit dem Zitronensaft beträufeln, salzen, pfeffern und zugedeckt in den Kühlschrank stellen.

2 Den Spargel waschen, das untere Drittel schälen und die Enden abschneiden. Den Spargel schräg in dünne Scheiben schneiden. Die Zwiebel schälen und fein hacken. Die Butter in einem Topf erhitzen und die Zwiebel mit dem Spargel darin weich dünsten.

3 Den Knoblauch schälen und dazupressen. Mit dem Weißwein ablöschen, die Sahne dazugießen, alles aufkochen und im geöffneten Topf um etwa ein Drittel einkochen lassen. Zum Schluss die Lachswürfel untermischen und kurz mitgaren.

4 Inzwischen reichlich Salzwasser aufkochen und die Spagetti darin in etwa 8 Minuten bissfest garen. Die Soße mit Salz und Pfeffer abschmecken.

5 Die Spagetti in ein Sieb abgießen und gut abtropfen lassen. Dann zusammen mit der Soße in eine vorgewärmte Schüssel füllen und vorsichtig mischen. Sofort servieren.

Variante

Den Lachs können Sie durch Hühnerbrust ersetzen. Diese aber in Streifen schneiden und kurz anbraten, da Hühnerbrust eine etwas längere Garzeit hat.

Gemüsenudeln mit Spargel

Aus Kalifornien
250 g breite Nudeln (Papardelle)
Salz
2 Schalotten
3 EL Olivenöl
250 g Champignons
2 Knoblauchzehen
schwarzer Pfeffer
200 g Möhren
500 g grüner Spargel
150 g Zuckerschoten
je ½ TL Oregano und Thymian, frisch oder gefriergetrocknet
1 Bund Basilikum

Zubereitung: ca. 45 Min.

1 Die Nudeln in reichlich Salzwasser in etwa 8 Minuten bissfest kochen, in ein Sieb schütten und gut abtropfen lassen.

2 Die Schalotten schälen, fein hacken und in einer breiten Pfanne in heißem Olivenöl weich dünsten. Die Champignons putzen, kurz abbrausen, vierteln und in die Pfanne geben. 10 Minuten bei milder Hitze dünsten. Den Knoblauch schälen und dazupressen. Mit Salz und Pfeffer würzen.

3 Die Möhren schälen, den Spargel waschen und schälen. Möhren und Spargel in dickere Scheiben schneiden. Die Zuckerschoten putzen und waschen. Das Gemüse nacheinander in kochendem Salzwasser jeweils 3 Minuten blanchieren. Alles eiskalt abschrecken und sehr gut abtropfen lassen.

4 Die Gemüse mit den Nudeln zu den Champignons geben. Alles mit Salz, Pfeffer, Thymian und Oregano würzen und etwa 5 Minuten zugedeckt garen. Inzwischen das Basilikum waschen. Die Blättchen abzupfen, fein hacken und vor dem Servieren unterheben. Die Gemüsenudeln nach Belieben nachwürzen.

Beilagentipp

Dazu einen Blattsalat reichen. Als Getränk einen leichten Weißwein servieren.

Variante

Dieses Nudelgericht können Sie prima in ein Gratin verwandeln. Einfach 250 g Crème fraîche, 2 Eier und 100 g frisch geriebenen Parmesan verrühren, unter die Nudeln mischen und ca. 15 Minuten bei 220 °C (Gas Stufe 4; Umluft 200 °C) gratinieren.

Spargel-Schinken-Törtchen

1 Das Mehl in eine Schüssel sieben, die kalte Butter in kleinen Würfeln, das Ei, 2 EL Wasser und eine Prise Salz zufügen. Alles zu einem glatten Teig verkneten, zu einer Kugel formen und zugedeckt 30 Minuten im Kühlschrank ruhen lassen.

2 Inzwischen den Spargel schälen, die unteren Enden abschneiden und die Spargelstangen in dünne Scheiben schneiden. Die Frühlingszwiebeln putzen, waschen und in feine Ringe schneiden. Mit dem Spargel in heißer Butter in einer Pfanne 5 Minuten dünsten.

3 Den Schinken vom Fettrand befreien, klein würfeln und unter den Spargel mischen. Den Backofen auf 180 °C (Gas Stufe 2; Umluft 160 °C) vorheizen.
Die Eier mit der Crème fraîche und dem Käse gut verquirlen. Mit Salz, Pfeffer und Muskat würzen.

4 Vier Förmchen von etwa 8 cm Durchmesser einfetten. Den Teig auf einer bemehlten Arbeitsfläche ausrollen, in die Förmchen legen und einen Rand formen. Die Spargelmischung darauf verteilen. Mit der Eiermischung übergießen. Im heißen Backofen (Mitte) 30 Minuten backen. Die Törtchen frisch aus dem Backofen servieren.

Tipps

Die Spargeltörtchen schmecken auch lauwarm oder kalt sehr gut. Wer es eilig hat, kann Fertigteig aus dem Kühlregal verwenden.

Varianten

Anstelle des Schinkens herzhaften Räucherspeck oder kalorienarmen Putenschinken verwenden.
Es eignen sich auch Räucherlachs oder Krabben.

Aus Österreich

Für den Teig

250 g Mehl
125 g Butter
1 Ei
Salz

Für die Füllung

300 g weißer Spargel
2 Frühlingszwiebeln
2 EL Butter
200 g gekochter Beinschinken
4 Eier
150 g Crème fraîche
50 g Bergkäse, frisch gerieben
Salz, Pfeffer
1 Prise Muskat, frisch gerieben

Außerdem

Fett für die Förmchen
Mehl für die Arbeitsfläche

Zubereitung: ca. 1 Std.

Blätterteigpastetchen mit Spargelragout

Aus Frankreich

- 500 g weißer Spargel
- Salz
- 200 g gepökelte Rinderzunge in Scheiben
- 3 Schalotten
- 2 EL Butter
- 1 gehäufter EL Mehl
- ¼ l Milch
- 125 g Sahne
- weißer Pfeffer aus der Mühle
- Worcestershiresauce
- Zitronensaft
- 3 EL trockener Sherry
- 100 g TK-Erbsen
- 8 Blätterteigpastetchen (Fertigprodukt)

Zubereitung: ca. 40 Min.

1 Den Spargel schälen und die Enden abschneiden. Die Spargelstangen in etwa 1 cm lange Stücke schneiden und in kochendem Salzwasser etwa 5 Minuten garen. Herausnehmen und in einem Sieb sehr gut abtropfen lassen. Die Rinderzunge in sehr schmale Streifen schneiden.

2 Die Schalotten schälen und fein hacken. Die Butter in einer Kasserolle erhitzen und die Schalotten darin weich dünsten. Das Mehl einstreuen und goldgelb anschwitzen. Die Milch und die Sahne zugießen und dabei kräftig mit dem Schneebesen schlagen. Die Soße dicklich einkochen lassen. Mit Salz, Pfeffer, Worcestershiresauce und Zitronensaft abschmecken. Den Sherry unterrühren.

3 Die Erbsen, die Zungenstreifen sowie den Spargel zufügen und 8 Minuten bei milder Hitze erwärmen. Den Backofen auf 180 °C (Gas Stufe 2; Umluft 160 °C) vorheizen. Die Pastetchen auf ein Backblech setzen und im heißen Backofen (Mitte) 8 Minuten aufbacken.

4 Die Pastetchen auf vorgewärmte Teller setzen, mit dem Ragout anteilig füllen und sofort servieren.

Beilagentipp

Dazu passt ein Feldsalat mit Schalotten-Dressing. Als Getränk Prosecco oder trockenen Sekt servieren.

Tipp

Als Vorspeise reichen die Pastetchen für 8 Personen.

Rezept- und Sachregister